# El éxito
## está al otro lado de tu
# zona de confort

### Abre tu mente y alcanza tu superación personal

Gamaliel Prince

Quedan prohibidos, dentro de los límites establecidos en la ley y bajo los apercibimientos legalmente previstos, la reproducción total o parcial de esta obra por cualquier medio o procedimiento, ya sea electrónico o mecánico, el tratamiento informático, el alquiler o cualquier otra forma de cesión de la obra sin la autorización previa y por escrito de los titulares del copyright.

# INDICE

Introducción ................................................................................. 4

Capítulo 1: La mente humana ....................................................... 6

Capítulo 2: El conformismo .......................................................... 17

Capítulo 3: La zona de confort ..................................................... 30

Capítulo 4: El círculo vicioso de la zona de confort ..................... 41

Capítulo 5: Identifica tu zona de confort ..................................... 49

Capítulo 6: Cuándo salir de la zona de confort ............................ 63

Capítulo 7: Cómo salir de la zona de confort ............................... 74

Capítulo 8: Consecuencias de no salir de la zona de confort ...... 93

Conclusiones ................................................................................. 95

# Introducción

Muchas personas tienen el plan de lograr grandes objetivos, los mascan a diario, los imaginan y se dicen que algún día lo van a tener, pero... muchas veces se queda solo en eso, en palabras que se lleva el viento, en sueños que no se materializan nunca o lo consiguen de una forma mediocre.

¿Por qué sucede esto? ¿A qué responde que las personas no logren lo que tienen en mente a pesar de que lo sueñan con tanto ahínco?

Principalmente nace de las propias limitaciones que tiene la mente. De sus miedos, ansiedades, de pensar que es menos de lo que realmente puede dar. La mente controla lo que puedes o no hacer, ahí se marca la diferencia entre aquellos que alcanzan potenciales que son conocidos en el mundo entero y aquellos que solo se quedan con el deseo de conseguirlo.

Asimismo, entra el conformismo, hay personas que son felices con lo que tienen y en donde están. Esto es válido siempre y cuando se sea feliz con el lugar donde está y no que sea una resignación por todas las excusas autoimpuestas en el camino de la vida.

Sin olvidar la zona de confort, que es esa poltrona donde aparentemente vas a estar cómodo, y no te atreves a ir más allá, pero que a fin de cuentas cuando ves de cerca es un sitio bastante desagradable y limitante.

Todo esto tiene solución, por fortuna y es enfrentar tanto las limitaciones que te has puesto en la mente, el conformismo y aprender a salir de la zona de confort, esto ayuda a que cambies tu modo de ver el entorno y la vida en general y a actuar sabiendo el potencial que tienes y con la disposición a traspasar ese pequeño mural de incomodidad que representa dejar la zona confortable. Precisamente de ello hablaré en este libro, basado en mi experiencia profesional y en lo que he encontrado a lo largo de mi vida en los múltiples proyectos en los que he estado con personas con inmensos potenciales no explotados por culpa de esas barreras que se han puesto.

En este libro encontrarás el conocimiento, que es el valor más grande que puedes tener, para que sepas qué son las barreras mentales, cómo las puedes enfrentar y tips para superarlos, qué el conformismo y cómo se trabaja y especialmente qué es la zona de confort, cómo identificar tu zona de confort, lo que necesitas para traspasarla, salir de su círculo vicioso y ejercicios prácticos para salir de ella constantemente.

Todo desde un tono donde comprenderás de lo que te hablo, con ejemplos prácticos que seguro te identificarán en más de una ocasión.

Si quieres aprender a superar la zona de confort, a dejar atrás esos miedos que te impiden sacar todo el poder que tienes en tu interior, entonces estás en el lugar correcto.

# Capítulo 1: La mente humana

El poder de la mente es fantástico, son muchas las cosas que puedes lograr y su alcance es increíble, pero ¿sabías que tu mente te puede limitar a alcanzar tus metas? Con el transcurso del tiempo y las experiencias, es común ver personas que no pueden lograr sus objetivos, ya sea por miedos o por hábitos que se van arraigando en su vida y les deja en una zona de confort, en un conformismo en el que no pueden lograr ponerse objetivos más allá de sus limitadas vistas.

Precisamente de ello hablaré en este capítulo, dando paso a lo que puedes comenzar a hacer para trascender de esta zona que impide que logres tus sueños.

Es normal que nos podamos resistir a hacer esfuerzos para alcanzar determinadas metas y este tipo de resistencia nace en lo mental, los límites no existen, solo son barreras mentales.

De esta forma, el cerebro delimita el alcance que podemos tener y evita que el cuerpo se haga débil ante desgastes físicos fuertes. Esto según él límite que le hemos puesto por diversas circunstancias a lo largo de la vida.

La clave en este punto para poder resistir, está en la mentalidad, muchas personas son conscientes de esto, cuando confirman que la mente tiene que ser igual de fuerte que el cuerpo. Por fortuna, la fortaleza mental puede tener entrenamiento, no solo a nivel deportivo, sino en todas las áreas de la vida diaria.

El plan es que se enfrenten los desafíos con espíritu de superación y los veamos como una barrera a saltar para crecer. Hay que poder sacar algo positivo de esto y controlar los elementos que dependen de nosotros mismos.

Los que tienen la capacidad de lograr la fortaleza mental, podrán acercarse más al éxito y a lo que planean. Hay que ser constante cuando tropezamos, pararnos de nuevo, autosuperarnos siempre.

Quienes son capaces de lograr la fortaleza mental, van a estar más cerca de lograr los objetivos y el éxito. Es importante ser constante ante el fracaso, sobreponerse y superarnos a sí mismos.

**La mente controla nuestras vidas**

El poder mental supera las limitaciones que pudieras tener. Tener claridad sirve para que enfoques los esfuerzos a las metas que quieres conseguir. Claro, cuando la sabemos emplear, porque cuando es el efecto contrario, se convierte en un inmenso muro que impide que logres cualquier objetivo que desees.

Todos los poderes espirituales que podamos desarrollar y entrenar, nos ayudarán a afrontar todos los problemas o conflictos que surgen en nuestra vida diaria. Por este motivo el fracaso, ansiedad, estrés, los tropiezos que cometes y los errores, van a ser algunas de las áreas que se relegan.

Una mente llena de limitaciones, miedos y bloqueos, se menciona internamente lo siguiente:

- No puedo.
- No sirvo para eso.
- Quisiera lograr esta meta, pero…
- Siempre he deseado tener ese negocio, pero la verdad es…
- Ojalá fuera como él (cualquier persona) para lograr eso que consiguió.
- Ese amigo mío tiene suerte, porque yo lo intenté pero no lo logré.
- No sirvo para nada aunque tengo muchas ganas de

lograr algo.
- Soy un mediocre.

**Las creencias limitantes**

Enmarcado en lo que venimos viendo en este capítulo, tenemos a las creencias limitantes, que son como las telarañas y el polvo que van infestando toda la mente y nos ponen limitaciones, como un auto que se va descomponiendo y no tiene fuerza para subir una pendiente. Algo así va sucediendo con el cerebro y la mente. Además, cuando las creencias limitantes invaden nuestra vida suceden más cosas negativas.

Las creencias que nos limitan son una percepción de la realidad y nos impiden crecer, desarrollarnos como seres humanos o lograr todo aquello que nos emociona.

Si creemos que no podemos hacerlo, entonces el cerebro nos ha limitado para no hacerlo. En el fondo, también hay una gran parte de las personas que tienen miedo de lo que pueda pasar, aunque tenemos visiones del futuro, naturalmente partimos de la parte catastrófica, y consideramos todas las cosas que pueden salir mal, no todo lo que podría salir bien.

Veamos lo que sucede con tus creencias limitantes en tu vida:

Por ejemplo, si vas a buscar un empleo las creencias dicen:

- No encontraré ningún empleo interesante, de seguro habrá mil candidatos antes y son mejores que yo, qué me van a estar dando el empleo a mí.
- No es posible que encuentre un empleo pero tal como está todo, seguramente no me va a gustar o me van a pagar un mal sueldo.
- No lo voy a hacer mejor, voy a ponerme a buscar algo que vaya más conmigo, pero… me van a decir que no, no lo intento. Si emprendo un negocio, no creo que venda nada, esa idea es trillada.

- No tengo la madera para merecer ese ascenso. Seguro de lo darán a Pérez.
- No tengo la preparación para presentarme a esa candidatura, de seguro no voy a dar la talla y perderé todo.
- No merezco ese aumento de sueldo, cualquiera de mis compañeros se lo ganarán, pero yo no.

Sucede lo mismo en la vida personal:

- Nadie se va a fijar en mí, si le hablo a esa persona me dirá que no y haré el ridículo.
- Para qué voy a esa fiesta si no la voy a pasar bien. Me dará sueño
- No tengo nada en mí que le pueda gustar a otras personas.
- Aquellas chicas que son tan guapas, solo van a fijarse en chicos guapos y con músculos, cómo me van a mirar.

Sucede lo mismo en personas que enfrentan nueva tecnología:

- Esto de usar redes sociales es para jóvenes, no para mí.
- No sé dominar esto de comprar criptomonedas, es demasiado enredado usar Binance.
- A mi alrededor todos saben de internet. No podré competir con ellos.
- Es demasiado para mí, nunca voy a poder manejar eso tan novedoso.
- Quisiera abrir una tienda online, pero eso de programar me supera.

Muchas de estas limitaciones se manifiestan solo por una mala experiencia, por ejemplo, hace años tuviste un negocio y este fracasó y perdiste mucho dinero, por ello te pusiste limitaciones y dices que no sirves para ser negociante. He conocido empresarios que han perdido fortunas en muchos negocios. De 20 emprendimientos, tres le han resultado, pero esos compensan los demás. ¿saben lo curioso? Con orgullo hablan de esos 17 negocios fracasados, porque le dejaron experiencia para los tres negocios que sí sirvieron.

Ahora, sí eres como las personas limitadas, tal vez es porque te pareces al elefante de la famosa historia de Jorge Bucay, aquel que decía que un elefante cuando era niño lo amarraron a un tronco con una cadena. Allí fue creciendo, tenía sus eventos en el circo y lo volvían a amarrar y el pobre animal pasó allí la vida, creció hasta tener varias toneladas de peso y mucha fuerza, hacía mucha maromas en el circo pero no era feliz, quería más, deseaba vivir en su mundo, en la selva.

El elefante ya inmenso seguía amarrado a ese mismo tronco endeble que desde pequeño no pudo arrancar, pero ahora de adulto solo sería halarlo con su trompa, ya poseía la fuerza para poner autos patas arriba, pero seguía aferrado a ese tronco que una vez, hace mucho no fue capaz de arrancar.

Así son muchas personas, siguen amarradas a la cadena oxidada y el tronco ¿Cuál es tu cadena?

Si tú creas esas limitaciones, ellas son las que van a determinar tu vida, aunque las creencias las puedes cambiar, siempre y cuando estés dispuesto a hacerlo. Pero, las creencias limitantes solo son eso.

Tengo que recomendarte que:

- Mostrar los sentimientos no te hacen una persona débil.
- No tienes que ser el duro en el trabajo para que te respeten.
- Aquellos que tienen mucho dinero no es porque lo heredaron o son narcotraficantes.
- Puedes confiar en las personas, no todos andan a lo suyo.
- Si te equivocas adquieres experiencia, el fracaso solo es

un peldaño al éxito.

¿Te has preguntado cómo Google es lo que es hoy en día? ¿Cómo pasó Mark Zuckerberg de buen estudiante a emprendedor talentoso? Si te digo que la clave del éxito, la clave para que Zuckerberg se establezca en el mundo empresarial, se encuentra a tu alcance y tiene que ver con tu capacidad para que domines el cerebro. Seguro pensarás muchas cosas al respecto.

Seguro que es una broma.

Esto no es una broma. Los cerebros de las personas exitosas no solo se caracterizan por altos coeficientes. John Coates, experto en neurología cognitiva y conductual de la Universidad de Cambridge, dijo que el éxito de la persona no tiene nada que ver con el coeficiente o con lo que tenga alrededor.

En su libro "The Moment Between Dog and Wolf: Adventure, Intuition, and the Biology of Prosperity and Depression", Coates mencionó el "efecto ganador", que es un proceso cerebral similar a la ósmosis que mejora la secreción de hormonas del éxito y el fracaso. es decir, testosterona y cortisol.

Según los expertos, la testosterona está relacionada con la euforia que percibe el cerebro al tomar riesgos, lo que lo impulsará a responder positivamente ante mucho estrés o ante riesgos inminentes. Esto nos permite desempeñarnos mejor y así tener la confianza para lograr nuestros objetivos.

Por lo tanto, si podemos vincular el éxito a procesos mentales autoinfligidos, ¿qué podemos hacer para dominar el cerebro y que sea un arma de gran poder que nos ayude a conseguir las metas?

Jeff Brown, Mark Fenske y Liz Neporent también afirmaron que es un mito que las personas exitosas nacen con el don del éxito. En su libro "El cerebro del vencedor" habla de 8 estrategias para que las grandes ideas tengan éxito señalando que hay cinco herramientas disponibles para que todas las utilicen, lo que le permite dominar su mente.

Hablemos de las herramientas de la capacidad intelectual:

**Buscando oportunidades**

El cerebro funciona de formas asombrosas. Cuando una persona tiene confianza en sí misma -que es un estado necesario para el éxito, es responsable de jugar en su propio beneficio, es decir, tomará la decisión más adecuada para garantizar la satisfacción y seguridad personal.

El buscar nuevas oportunidades incluye la detección de soluciones precisas, lo que le permite encontrar soluciones innovadoras a los problemas. Es decir, dejar de ver limitaciones para comenzar a verle el lado bueno a las cosas, incluso las que parecen peores.

**Aprender a ver con mejores ojos el riesgo**

Toda acción va acompañada de riesgo. El éxito proviene de afrontar riesgos a lo largo de la vida, pero ojo: el cerebro también busca protección y estabilidad. En vista de esto, es importante que determine cuál es tu zona de confort para poder salir de ella, pero mientras seas audaz, debes ser cauteloso. Encontrar el equilibrio es un arte y a lo largo de las páginas irás encontrando cómo hacerlo.

**Poner un identificador de metas**

Asimismo, todos los que desean el éxito tienen metas. El identificador de objetivos incluyen tener tus propios objetivos, pero lo más importante, llevarlos de proyectos inalcanzables a proyectos alcanzables, que se pueden lograr mediante esfuerzos continuos. Es importante actualizar los objetivos y establecer métodos de medición a intervalos regulares.

**Saber qué te motiva**

Es simple: ¿Qué te inspiró? Tus incentivos se denominan aceleradores porque son responsables de brindarte el ímpetu que necesita para lograr todo lo que planea hacer. Alimente todos los incentivos para hacerlo más fuerte.

**Midiendo el talento**

Asegúrate de medir el riesgo antes de saltar. Esto no significa que, si algo representa un riesgo mayor, lo dejes, pero sí significa que sabes lo que puedes y no puedes hacer. Conocer tus límites y trabajar duro para superarlos es una de las herramientas que te acerca al éxito.

Para lograr triunfar y trascender a las limitaciones de la mente, te dejo estos consejos:

**Autoconciencia**

Conocerte a ti mismo de la cabeza a los pies, de adentro hacia afuera, te permitirá controlar tus reacciones y establecer una conexión adecuada con el mundo. Además, conocerse plenamente a sí mismo te permite medir tus talentos, comprender tus limitaciones y mejorar tus habilidades. ¿Una buena herramienta para entenderse mejor a sí mismo y mantener el equilibrio físico y mental? Medita todas las mañanas.

**Trabajar la motivación**

Necesitas motivación para alcanzar tus metas. Para muchas personas esto es un reconocimiento, para otros es una satisfacción personal, en otros casos la familia o los niños; de todos modos es necesario cultivar estas motivaciones. Identifica lo que te motiva y ponte manos a la obra para alcanzarlo.

## La concentración

Podemos centrarnos en una palabra: atención plena. Concéntrate en lo que es realmente importante y lo que es bueno para ti, deja de desperdiciar energía y busca crear oportunidades. Concéntrate en el objetivo identificado, el acelerador del esfuerzo y el encontrar oportunidades.

## Equilibrio emocional

Aquí entra la inteligencia emocional, que es la que te ayudará a trabajar lo que sientes y a trascender a las limitaciones de la mente, a que encuentres oportunidades donde antes veías barreras y a que asumas riesgos inteligentes.

## La memoria

Si no la usa estratégicamente, ¿de qué sirve saber demasiado? No se trata de saber o aprender tanto como sea posible, sino de hacer que lo que aprenda sea productivo todos los días. Asegúrate de que todo lo que aprenda se pueda hacer y utilizar para su propio beneficio. La memoria afecta a las cinco herramientas.

## La resiliencia

El arte de la perseverancia: el cerebro del vencedor se recupera de los desafíos de la vida enfrentando defectos, errores y fracasos, ya sea producido por él mismo o producto del medio ambiente. Los ganadores redefinen el hecho de no aprovechar sus ventajas. Saben que cuando las cosas no salen según lo planeado, el viaje no necesariamente termina. De hecho, el fracaso suele esconder nuevas oportunidades.

## Saber adaptarse

Es la capacidad que desarrollas para que te puedas renovar constantemente para hacerle frente a otras circunstancias. Para ello tienes que ejercitar el cerebro.

## Al cerebro hay que cuidarlo

El funcionamiento normal del cerebro también depende de cómo lo cuidemos, a saber: darle suficiente nutrición, ejercicio físico continuo, lectura y aprendizaje diario, buen sueño y otros hábitos.

Y tú, ¿qué has hecho para dominar tu cerebro? ¿Tienes alguna sugerencia para mejorar cada herramienta cerebral?

Si te lo propones puedes conseguir lo que quieras.

Una vez que aprendas a hacer tus proyectos de vida y carrera, puedes comenzar ese plan de desarrollo personal. Lo más importante es dejar de procrastinar y actuar. Luego, alinee sus resultados personales con sus metas a corto, mediano y largo plazo.

Pero primero tienes que desbloquear tu mente, conocerte a ti mismo, tanto física como mental y emocionalmente, pero sobre todo eliminando las creencias limitantes.

Las creencias son las reglas del pensamiento que guían nuestras emociones. A su vez, las creencias limitantes son el resultado de nuestros miedos y crean barreras psicológicas que nos impiden salir de nuestra zona de confort.

Te enseñaré cómo cambiar tus pensamientos, cómo cambiar tus creencias y te haré saber cómo deshacerte del miedo y cómo liberarte emocionalmente.

Te ayudaré a desarrollar una actitud más positiva con cambios que iremos haciendo a lo largo del libro y que servirán para que rompas las cadenas que te tienen donde estás.

Veremos cómo adoptar una mentalidad más positiva para que pueda manejar mejor sus emociones y sentimientos para que pueda comenzar a cambiar sus hábitos, mejorar los resultados y tener éxito en todos los aspectos de la vida.

Ahora que hemos visto lo que es una mente con bloqueos y las creencias limitantes, veamos a otro enemigo, el conformismo y cómo impacta en tu vida y en el alcance de tus metas.

# Capítulo 2: El conformismo

Cuando eres una persona conformista te quedas donde estás porque... después de todo no está tan mal. Para qué esforzarte más, eso se llama conformismo y te aleja del éxito. En este capítulo veamos de qué se trata el conformismo, qué implica en tu vida y cómo poderlo comenzar a trabajar.

La verdad es que vemos que el conformismo es el camino fácil que toman muchos, porque la buena vida, la del éxito, la de los logros, tiene costos personales y esfuerzos que no todos tienen la disposición de tomar.

En este caso, conflictos que se tengan a nivel social, personal e incluso psicológicos, tienen su influencia. Si vemos al mundo, vamos a ver muchas personas que se han quedado deslumbradas por las tendencias. Muchos siguen a la minoría ¿Cuál es la razón de este comportamiento de pastoreo? Te lo voy a ir explicando.

Antes de avanzar, es clave que se defina lo que es el conformismo. Normalmente se ajusta de acuerdo a los cambios o modificaciones causadas por lo que opinan otros.

Es el resultado de la presión de otros, sean grupos o personas. Por ejemplo, está el pensamiento "aquella persona tiene dinero porque sus padres se lo han heredado", esto limita a muchos pues piensan que si nacen de una familia pobre, no serán capaces de cambiar esa realidad, confirmándose con lo que el destino les dé, sin buscar oportunidades más allá de lo que sus ojos pueden ver.

Esta presión puede ser real o imaginaria, y aunque funcione, no tiene que pasar por la conciencia. Por otra parte, no es siempre fácil darse cuenta de su existencia, porque el impacto puede ser apenas perceptible.

Una vez definido el término "conformismo", se deben estudiar algunos asuntos sobre este tema. El psicólogo Solomon Asch es una de las personas más cercanas a este fenómeno.

En 1950, Asch hizo distintos experimentos para conocer más sobre el gregarismo humano. Donde dice que, si se recibe un test y se conoce la respuesta de todos los demás a alguna pregunta puntual, aun sabiendo que están errados ¿qué pensaría? ¿Se unirá a la mayoría o esa persona se mantendrá firme y pondrá la respuesta correcta?

Este solo problema es un tema analizado por el médico en uno de los experimentos de coherencia. Gracias a esto, se pudo demostrar cómo la presión del grupo pudo hacer cambios de interpretación de un tema, algo llamado conformidad pública. Aunque respondas correctamente, sientes que erraste porque no hiciste lo que hacen los demás.

¿Cuál es la razón para hacernos conformistas?

De acuerdo con Ash y otros psicólogos, hay dos grandes causas que llevan a que terminemos con conformismo:

Mucha gente confía en el juicio de los demás más que en el suyo. Esto nos llevará a la obediencia pública (declarando que uno está de acuerdo con las opiniones de la mayoría de las personas) y a las creencias privadas (entendiendo que los verdaderos pensamientos de la mayoría de las personas son verdaderos).

Asimismo, hay otros que piensan que es errado. Siguen lo que opinan otros por el tema de sentir que los aceptan. Miedo a que lo rechacen que lo lleva al conformismo público, pero no a convencimiento privado.

Ser un conformista tiene riesgos para el éxito y para la vida en general.

Ser conformista implica consecuencias negativas que atacan

directo en la dinámica del pensamiento y en tu crecimiento personal y profesional. Muchas veces nuestra individualidad se afecta, junto con las certezas y la seguridad, que es la que está en juego.

**Pierdes tu individualidad**

Uno de los graves riesgos que enfrentamos en la conformidad es perder nuestra personalidad. Asimismo, el tener una conducta constante con las demás personas, aumenta el estrés sobre las personas que tiene un comportamiento distinto a la mayoría. De hecho, Asch comprobó que el tamaño de muchas personas determina su capacidad para llegar a ser conformista.

Pero ¿qué es perder la personalidad? Se trata de renunciar al modo en el que se piensa, a la frescura, a la originalidad para apoyar a muchos. Se trata de perder ese sello autentico que debes de tener y entregarse al sello de los demás. No hay nada más bonito que ser tú, auténtico. Si no vemos esto, la manada va a triunfar en un espacio de pérdida. La pérdida que nos lleva al océano, nos nublamos, nos afecta la personalidad.

Es como cuando te pones a ver la serie de televisión que todos ven y te da igual, pero lo haces porque los demás lo hacen, no porque te guste, o sigues la misma música, compras el nuevo teléfono móvil, el nuevo televisor, aunque todo esto lo tengas ya, pero sientes que debes hacerlo porque es lo que está de moda ahora.

**Compromiso con el grupo antes que consigo mismo**

Un gran riesgo que se sufre por ser demasiado obediente, se relaciona con ir en contra de lo que pensamos nosotros. Cuando expresas públicamente tu juicio y prometes expresar tu opinión, el tema puede adaptarse a la mayoría de las personas, incluso si no es personal. De esta manera, haces acciones que beneficiaron a la mayoría y socavaron tus propias convicciones. Poco a poco nos vamos anulando y descomponiendo en una sola idea, que no concuerda con nuestra forma de ser o de pensar.

Además, esta persona puede utilizar diferentes estrategias psicológicas e inconscientes, por lo que este tipo de observación pública desde el principio también se volverá privada. Esta forma de eliminar la inconsistencia entre los ámbitos público y privado será una de las formas más comunes. La disonancia cognitiva juega un papel en este punto. Este fenómeno ocurre cuando realizamos un comportamiento pero pensamos en otro comportamiento opuesto. Cuando esto sucede, consciente e inconscientemente dejamos que todas nuestras máquinas funcionen, sintiendo que actuamos de manera coherente cuando pensamos.

**Falta de amor propio**

El conformismo es un factor que puede minar la autoestima de cualquiera de nosotros. Al permitir que el comportamiento público nos haga ceder a la presión de la mayoría, quienes se adhieren a las reglas se colocan en una posición inferior a esta. Sus ideas son cada vez menos importantes, porque en la práctica son las ideas del grupo las que dominan. Por tanto, el sujeto tiende a tener una visión negativa de sí mismo, en la que cree que no tiene ningún valor.

**Hace falta iniciativa**

Hay más riesgos por ser conformista y es que terminas en un terreno donde te falta iniciativa. La presión de grupo hace que aceptes las cosas para que te sientas parte de todo. De este modo lo importante siempre va a ser el grupo y no la propia iniciativa que va a ir decayendo hasta que casi desaparezca. Es por eso que el conformismo destierra a la motivación de cualquier forma individual para que sobrevivas.

## Hace falta la autoridad

Al final, el apego al conformismo finalmente se redujo debido a la falta de autoridad. Dado que se otorga legitimidad a los grupos, no se considera que los individuos tengan derecho a tener su propio juicio e iniciativa. Pierde su legitimidad por obedecer absolutamente las opiniones de la mayoría.

Que vivas en una sociedad y esta te presione, puede llevarte a puntos donde te sientas poco cómodo. Si significa dejar de ser aceptado, entonces mantener nuestra personalidad no es fácil. Ambas son necesidades básicas y difíciles de equilibrar. Sin embargo, que se sigan las reglas es peligroso, porque al final del día nosotros mismos somos los de gran valor, los únicos y nos perdemos en estos temas frugales.

El conformismo es una de las grandes causas de que la gente viva vidas que no quieren vivir. Hay personas que, viviendo en este conformismo, al final aceptan cosas que, de un modo consciente o racional nunca aceptarían. Y muchas de estas decisiones van en contra de todo sentido, pero la hacen.

Una persona conformista tiene una mentalidad donde acepta las situaciones, personas, condiciones de vida que comienzan a creer que es imposible hacer mejoras, cambios o avances.

Las personas que siguen las reglas y las que no las siguen tienen planes mentales diferentes. Por lo general, estas personas nunca se convertirán en líderes, son más pasivas que activas, sus decisiones casi nunca se basan en sus deseos, sino en sus condiciones y en su percepción de la "realidad".

La manada suele ser causada por creencias restrictivas. Si podemos descubrir estas creencias y erradicarlas de nuestras mentes, entonces es relativamente sencillo convertir nuestra mentalidad de manada en una mentalidad proactiva.

Estos son algunos de los ejemplos del tema del conformismo que tienes que tener presente:

- El empleado que está en un empleo que no le gusta para nada.
- La mujer que está con el esposo que le pega, pero sigue allí, humillada.
- El joven que estudia una carrera en la universidad, que no le gusta.
- El niño que es obligado a ir a la iglesia porque sus padres lo dicen.
- Muchos otros temas donde el conformismo muestra que es aceptar esas cosas impuestas que no gustan.

Hay una frase conocida que dice: Si no tienes metas, planes, sueños, otros sí, y tienen una vida para vivirla y disfrutarla.

El conformismo puede arrastrarte a vivir una vida que otros han tenido para ti y en tu beneficio. Hay personas que buscan ese beneficio de conformismo con los demás y estas personas han podido lograrlo de modo legal.

En el conformismo hay una serie de elementos como el refuerzo neuronal, que se trata en que cada que hacemos una actividad o vivimos una situación común, la mente la acepta de un modo más sencillo, mientras que en el cerebro se crean y fortalecen caminos neuronales que te permiten familiarizarte con las diversas situaciones.

Esto se da, cuando el instinto humano de preservación nos hace conocer y aceptar el entorno, para que podamos evolucionar más fácilmente.

Sin embargo, el peligro de este mecanismo evolutivo es que

difícilmente nos conviene en el mundo actual. Es difícil hacer cambios en nuestra vida y sentirnos satisfechos, y en muchos lugares se habla de resistirse al cambio. Es precisamente por este mismo mecanismo evolutivo, que hemos permitido durante millones de años que existe esta resistencia.

Las personas piensas que es mejor lo malo conocido que lo bueno por conocer, pero eso bueno por conocer es el éxito que te mira desde lejos.

**¿Vale la pena eliminar el conformismo?**

Por supuesto. Hay que eliminarlo.

Creo que, si has leído todo el contenido hasta ahora, sabrás por qué hay muchas razones por las que ya no puedes seguir las reglas, al rebaño, pero una de mis favoritas es crear una vida mejor, encaminada al éxito.

Vivir una vida consciente es más satisfactorio que una vida de aceptación inconsciente y nos facilita la realización personal.

El desarrollo personal está diseñado para sacarlo de la comodidad del rebaño y entrar en la incomodidad del éxito. A diferencia de lo que muchos piensan, la victoria, el éxito, los logros solo pueden tener satisfacción al final, pero para lograrlos se tiene que trabajar duro desde el comienzo, esto no quiere decir que no sea divertido o placentero, pero no es sencillo.

**Aprende a eliminar ese comportamiento conformista**

El repetir puede marcar en nosotros hábitos destructivos y constructivo. No importa el tiempo que tarde en desarrollarse el hábito, siempre se puede decidir hacer cambios y comenzar de nuevo.

Lo primero es que no nos apeguemos a reglas y situaciones donde obedecemos como borregos y no buscamos mejorar por nosotros mismos. Posteriormente, se debe identificar las creencias restrictivas relacionadas con las situaciones antes mencionadas y se toman acciones para eliminarlas.

El método para detectar creencias restrictivas es diferente en cada situación. Un ejemplo podría ser: "Me estoy adaptando a este trabajo". Una creencia restrictiva asociada con este tipo de conformidad podría ser: "No puedo ganar dinero fuera del trabajo. Y este trabajo es seguro y está bien remunerado ".

Más tarde, para disipar esta creencia, es necesario informarse sobre las opciones económicas, comenzar a ahorrar de acuerdo con la estructura de la riqueza y comenzar un nuevo negocio antes de irse.

La educación y el conocimiento son la base, repito: vivir de un modo consciente, satisfactorio, que ayude a aceptar lo que se tiene y añorar lo que no se puede.

**Aprende a vivir conscientemente**

Te quiero enseñar a que vivas de manera consciente y que sirva como boleto para que salgas del conformismo.

Lo primero que tienes que hacer es observar sin juzgar nada. Cuando vives de manera consciente, comienzas a observar, a redescubrir el nuevo mundo que estaba ahí y al que no hacíamos caso. Cuando mires hazlo sin que juzgues. Debes ser objetivo, cuando permites que ingrese en juego tu mente y por consecuencia tu ego. Si puedes detenerte, parar la mente y mirar, el mundo va ser totalmente diferente porque en el silencio los conceptos son diferentes y dejas de juzgar aquello que ves.

Sigue estas técnicas para que aprendas a vivir conscientemente y sepas cómo detener el conformismo cuando se comienza a manifestar. Tener una vida de forma consciente no es algo que se dé automáticaticamente, para conseguirlo se tiene que practicar. Sigue estas técnicas de atención plena.

Puedes meditar:

La meditación es donde comienza la vida consciente. Encuentra un momento del día. Puede comenzar con uno o dos minutos y luego expandir a 5 o 10 minutos con el tiempo. Le ayudará a concentrarse en su cuerpo, respiración y mente.

El estar despierto:

Pasamos el día en un sueño. Nuestros pensamientos flotan, nos alejan del aquí y ahora, nos alejan del presente. Trate de mantenerse despierto. Observe sus pensamientos con frecuencia. ¿Dónde está tu corazón? ¿Estás en este momento? Puedes usar una palabra o un hechizo para regresar a este momento, como "ahora", "aquí y "regresa". Concéntrese en lo que está haciendo.

Cuando te alimentes hazlo de modo consciente, muchas veces comemos rápidamente y la mente la tenemos en los pensamientos. Aprovecha estos momentos del día para que saborees el momento. Tomando consciente de tu postura, de tu cuerpo, usando los sentidos y viviendo la experiencia.

Puedes hacer pequeñas meditaciones.

Las pequeñas meditaciones son estados de conciencia en periodos cortos de tiempo, lo puedes hacer en el día a día, mientras trabajas, te bañas, vas en el bus.

Aprende a escuchar a los otros. Si una persona te habla, la escuchas con atención, sin limitarte a esperar tu turno para hablar. Escuchar sin juzgar, cuando no luchas más por cambiar a otros, cuando aceptas lo que son, estás más en paz contigo mismo.

Ese mal sabor que tienes en la mente, que es como un chicle que tienes pegado al zapato, es un sentimiento de ser protagonista de un mal chiste que es triste y sin gracia. Seguramente lo has experimentado. La verdad es que la vida es complicada en muchas ocasiones y por eso es que nos quedamos en un lugar, conformes con lo que tenemos o no.

La vida puede ser complicada y llena de situaciones tediosas, es algo que nos pasa a todos, pero no tenemos que quedarnos en ese terreno, es muy probable no entiendas el motivo de sentirte así, no le encuentres un sustento a esto o parezca que lo tienes todo para vivir una vida plena. Tienes un buen empleo, amigos, familia, gente que te quiere. Pero algo falla. Seguramente tienes trabas que impiden que nos lleve a la felicidad. No solo ayuda a identificarlo, sino que brinda herramientas factibles que mejoran el bienestar.

**Si no te gusta, pues cambia**

¿Qué te disgusta de tu vida? Tal vez sean cosas externas, amigos, trabajo, cosas que crees que no puedes cambiar. Esto es real. Sin embargo, puedes cambiarlo indirectamente.

Imaginemos la forma en que no te gusta el comportamiento de las personas que interactúan contigo o con quien tienes amistades. El primer paso es expresar tu insatisfacción, porque puede estar tratando con una persona controladora o simplemente con una persona cuya personalidad es incompatible contigo.

De todos modos, no te gusta y te sientes incómodo en esa situación. No puedes cambiar a esa persona, en este caso puedes cambiarte a ti mismo, pero en este punto no somos adecuados.

Cómo enfrentar esto. Se hace cambiando la situación. Si estás con disgustos con una persona, pues te alejas. No puedes cambiar a nadie, pero sí que puedes cambiar las cosas y salir del conformismo.

Sé que el cambio genera miedo. Nos han enseñado a tenerle miedo, a aceptar el sufrimiento, a ser conformista, pero ¿cuánto podemos aguantar en una situación como esta?

Muchas veces nos preocupamos por nada.

No nos enseñaron a cambiar las cosas, sino a afrontarlas, de todos modos, aunque no nos gusten, tenemos que "comérnoslas".

Nos ha preocupado el enfado, la actitud, la situación... preocupaciones que tienen un efecto negativo en nosotros pero que no nos ayudan desde que éramos pequeños y lo hemos hecho hasta la adultez.

¿Eres el tipo de persona que piensa que se preocupa demasiado? ¿Te has visto en una posición en la que estás más preocupado que los demás? Si es así, es hora de cambiarlo, porque puede que no te guste, ¿verdad?

No estar preocupados no significa que no tengamos preocupaciones, pero sí significa que hemos aprendido a no valorarlas tanto como les damos.

Resolver muchos de nuestros problemas es muy "estúpido". ¿Realmente merecen toda nuestra atención? Si otros no lo dan, tú tampoco deberías. Empieza a cambiar hoy.

Hay muchas formas de cambiar la vida cuando decides cambiar el modo de pensar. Hay muchas cosas que nos han enseñado desde la infancia, consideraciones que cuando nos hacemos adultos nos atormentan porque algo no funciona bien.

El camino correcto es un camino donde nos encontraremos bien, y hemos logrado un equilibrio en este proceso. Pero para hacer esto, a veces tenemos que cambiar.

¿Cómo podemos cambiar lo que no nos gusta, no importa lo que sea? Siga estos consejos, ya que te ayudarán a deshacerse del miedo al cambio y, en última instancia, a estar satisfecho con todo y con todos:

- Son las personas las que han hecho el cambio: también han tenido miedo de fracasar en sus elecciones, miedo de superar a "mejor malo conocido que...", se arriesgaron y ganaron.

- Utiliza la incertidumbre para motivarte: porque muchas veces es la misma incertidumbre la que te hace perder la motivación, pero piensa que lo que te espera es mejor. ¿De verdad quieres continuar con ese estado incómodo? Cambio, lo mejor está por llegar.

- Pase lo que pase, acéptalo: no importa si es bueno o malo, cada cambio, cada elección tendrá sus consecuencias, pero no importa cuáles sean, ¡acéptelas! Esta es su elección y debe ceñirse a esto y a todo lo que haga por el resto de su vida. Pero debes estar orgulloso de haberlo aceptado. Frente al entorno, es mejor ser activo que pasivo. Sigues vivo.

- Cambiar y dejar que suceda poco a poco: Obviamente, de forma brusca no garantiza un resultado positivo, por lo que el cambio debe ser paulatino, pausado y tranquilo. Demasiado correr es inútil.
- Es normal que tengas miedo: es normal y debes aceptarlo, pero no permitir que te acompañe. Debes ser lo suficientemente fuerte para superar este miedo, enfrentarlo y determina lo que realmente importa. ¿Tienes miedo o realmente quieres más?

- Si no cambias, el cambio vendrá para ti: porque incluso si no quieres verlo, estás cambiando constantemente.

Tu familia ha cambiado, tus amigos han cambiado y tus circunstancias han cambiado. A veces, estos cambios no son tuyos, ¡no son tu elección! Vienen, debes aceptarlos.

El miedo es normal, pero si no te gusta algo en tu vida, tu situación o algo que estés experimentando, cámbialo. Esto te hará más feliz. Vivir en un entorno desagradable puede hacer que tu carácter sea negativo.

¿Tu vida tiene que cambiar? ¿Alguna vez te has visto en una situación así? Si es así, puedes seguir el proceso de este libro, viendo el conformismo, pero ahora visto desde una poltrona cómoda, acolchada y donde te sientes a gusto… pero no te sientes tan a gusto, ese lugar es la zona de confort.

# Capítulo 3: La zona de confort

Muchos se acomodan en este sitio, incluso casi todas las personas tienen una zona de confort para algo, y por eso nunca avanzan. Es como el empleado que dura toda la vida en una empresa porque "aquí estoy bien, podría esforzarme para tener una gerencia en la capital con todo este conocimiento, pero si aquí gano bien, tengo la casa cerca y no paso malos ratos, para qué complicarme la vida".

Veamos lo que es la zona de confort y lo bueno y malo que tiene en la vida.

**¿Qué es la zona de confort?**

La zona de confort es un sitio donde se siente seguridad, donde no hay riesgos, claro, pero donde tampoco hay crecimiento. No es un espacio físico como tal, sino algo más a nivel mental. No está limitado con un cordón que ponemos, es también la vida diaria, el modo en el que pensamos. Es la excusa perfecta para no actuar, para no arriesgarnos, para no crecer y no tener una existencia plena.

Sucederán cosas milagrosas fuera de la zona de confort, se producirán cambios y crecimiento, pero también hay zonas de pánico terribles, por lo que, basándonos en una comprensión profunda de la vida, es importante encontrar un equilibrio justo en la vida. La zona de confort y lo que podemos hacer para encontrarnos cuando estamos fuera de su rango.

**Origen del concepto de esta zona cómoda**

La acepción del concepto "zona de confort" se remonta a un experimento efectuado por los psicólogos Robert M. Yerkes y

John D. Dodson en 1908. Ellos descubrieron que un estado que parece corto, produce niveles constantes de avance.

Sin embargo, demostraron que para mejorar en este punto hace falta vivir un poco de ansiedad y salir a enfrentar espacios donde la presión aumenta un poco. A esto le llamaron ansiedad óptima y dijeron que era salir de la zona placentera.

Se han hecho experimentos que confirmaron la teoría y hablaron que la motivación ayudaba a lograr las metas hasta que se alcanzara más del 50%. Luego de esto se va perdiendo la parte moral, la motivación y la ansiedad. Se pierde el equilibrio y se cometen errores.

La zona de confort puede ser una poltrona, nos echamos allí y no salimos a enfrentar el mundo, puede ser el mercado donde solemos comprar, el trabajo donde hemos estado una década o el mismo sitio turístico de todos los años. Sin embargo, esta es también la forma en que manejamos las críticas, la forma en que enfrentamos oportunidades de riesgo e incluso la forma en que nos conectamos con nuestras personas cercanas. Recordemos que la zona de confort es un estado mental donde sentimos seguridad y no hay ansiedad ni temor. Es un espacio conocido que reconocemos totalmente, donde controlamos casi todo.

Es el hábito que se repite y repite, que permite tener una zona cómoda donde sabemos todo o tenemos la ilusión de saberlo todo, lo que pasará con los pasos que se den. Cuando se reduce la incertidumbre se siente que se tiene más o menos control de todo, creemos estar a salvo.

El concepto de zona de confort tiene relación con un patrón de comportamiento que se sigue para mantener la ansiedad a raya. Por eso se acude a modos de comportamiento, emociones limitadas y creencias, las cuales permiten mantener un nivel de desempeño estable y aceptable sin que se corra el riesgo de ser ansioso.

Esto quiere decir que, si queremos estar cómodos para no arriesgarnos, hay que tener una actitud pasiva en la vida. Sin embargo, esta sensación de seguridad tiene un precio muy alto, porque también hemos perdido la motivación para vivir, y pronto caeremos en las garras de la monotonía y la indiferencia.

Por esa razón nos apegamos a sitios, hábitos, tradiciones y personas para que no entren nuevas cosas, porque es incertidumbre, es confusión. Esa zona de confort es un sitio que nos conquista.

Como este es un sitio que se va consolidando con el paso del tiempo, muchas veces no vemos que nos atrapamos en ella. Tenemos la costumbre de los hábitos y el modo en el que limitan las posibilidades de crecer y ser quienes siempre quisimos para atrevernos a lo soñado.

Estos son algunos signos característicos:

- No hay un crecimiento a nivel intelectual o emocional, lo que se siente es una total apatía.

- Hay desmotivación total, no hay proyectos nuevos o planes que animen lo suficiente.

- Te bloqueas a otras ideas porque no encajan con lo que crees en tu estructura.

- Si tienes miedo de asumir riesgos y dejar pasar buenas oportunidades con la excusa de que puedes perder.
- Desde hace tiempo sigues haciendo lo mismo, temes vivir cosas increíbles, vivir eso que genera el hacer otras cosas.

- Tienes la sensación de aislamientos, comienzas a pensar que hay carencia de sentido, porque no encuentras algo que te estimule.

- No hay nuevos aprendizajes que te marquen, sientes que vives bien, que en el fondo se vive un vacío como si te faltara algo, pero no sabes qué es.

- Hablas siempre con frases de "te gustaría…" "a lo mejor" y similares que solo son un deseo eterno que no haces realidad.

- Hay mucha procrastinación, una señal que frecuentemente indica que no hay gusto por lo que se hace.

- Dices que no a planes que te proponen, a ideas donde tengas que hacer cambios en la rutina del día.

Hay muchos motivos para que dejes esta zona.

No te puedes convertir en lo que quieres, en eso que sueñas si sigues metido en lo que eres ahora mismo. Hay muchos motivos para que te animes a dejar esa zona tan desagradable que es el confort.

**Nos prepara para tiempos complejos**

No importa la seguridad que tengas en tu zona de confort, es un sitio que no te va a proteger de los problemas que te aparecen en la vida, que te generan incertidumbre. Si no te acostumbras a los cambios, estos van a hacerse inestables y te generarán barreras a nivel psicológico. Aprender a salir de esa zona y a lidiar con imprevistos te ayudarán a sentirte mejor emocionalmente y a enfrentar las adversidades.

## Aumenta la productividad

Si estás en un espacio cómodo la productividad se afecta, porque si no aparece ese poco de ansiedad que pone las expectativas, entonces no tendrás resultados buenos. La zona de confort te hace mediocre y apenas te satisface a ti. También puede pasar que caíste en la trampa laboral y finges que estás muy ocupado para poder quedarte en esa zona y evitar hacer nuevas cosas. Que vayas un poco más allá de tus límites puede ayudarte a recuperar la motivación que necesitas para que disfrutes de muchas formas, incluso con la creatividad.

## Hace que los límites sean más amplios cada vez

Apenas sales de esa zona de confort, esta se expande, lo que quiere decir que vuelves a sentir más apertura. Adoptar la actitud permite que afrontes la ansiedad óptima sin que te moleste, aprendes a usarla a tu favor y a usar la energía que te aporta.

## La creatividad es más alta

La zona de confort representa eso que sabes y no sabes. Fuera de esa barrera tienes un mundo entero. Si te quedas en la zona no van a verse ideas geniales, no habrá descubrimientos nuevos. Tienes que alejarte de esta zona para que te inspires, para que te hagas creativo. De esta forma aparecen nuevas ideas, ves viejos temas desde un punto distinto y pones otras conexiones. En un estudio de la Universidad de Florida, se encontró que los estudiantes que pasaron un semestre fuera del país, encontraron muchas calificaciones en las pruebas de creatividad que los que se quedaron en la misma sede.

### Desarrollarás autoconfianza

Salir de esta zona puede generarte un poco de miedo, pero cuando lo haces y logras las metas, experimentas una gran sensación de empoderamiento. Puesto en marcha cuando afrontas situaciones que llenan de miedo, entiendes que eres más fuerte de lo que crees, lo que pone más fuerte el concepto. Además, cuando enfrentas obstáculos, adquieres más destreza y pasas a ponerla en tu caudal de herramientas.

### Sientes que tienes más vida

Cuando sales de la zona de confort, conocerás otras personas, experimentarás experiencias nuevas. Algunas de estas puede que no sean positivas, pero otras son el motor para que tengas energía, luego verás que la sensación de vacío se va y solo has aprendido a disfrutar de la vida.

### Vas a envejecer mejor

En un estudio hecho en la Universidad de Texas, se demostró que salir de esta zona ayuda con las habilidades cognitivas mientras vamos envejeciendo. Es clave que se tenga la mente ocupada y se pongan desafíos nuevos porque son una fuente clave de estimulación mental y social. El estar en la zona de confort es no mejorar.

Seguramente no tienes duda de que no es bueno vivir en la zona de confort todo el tiempo.

El que salgas de la zona de confort es clave, pero no tiene que ser una obsesión. Hay que recordar que no podemos vivir fuera de esta. A veces, ayuda volver a un espacio en el que nos sentimos seguros y afrontamos nuestra experiencia con tranquilidad.

Es más, si salimos totalmente de esta zona, se corre el riesgo de tener una adaptación hedónica que quiere decir que las experiencias nuevas ya no impresionan y nos hace sentir vivos. Estamos acostumbrados a la oleada de adrenalina que producen. Es por eso que las cosas increíbles pueden volverse ordinarias rápidamente.

Es por eso que no puedes ver la zona de confort como una enemiga, como muchos expertos la quieren hacer ver, pero sí que es una oportunidad para que crezcas.

**Ventajas y Desventajas**

La zona de confort tiene sus cosas buenas, así como las malas.

*Ventajas*
Aunque pudiera creerse que no, la zona de confort tiene ventajas y es que te ayuda a mantenerte en ciertas cosas que haces a diario. Malo es cuando te aferras a ella e impide que no avances. Además, identificar la zona de confort sirve para evaluar y ver si vale la pena salir de ella en ese aspecto de tu vida.

No hay duda de que, si quieres ser bueno en algo, tienes que practicar, perseverar, dominar todas las reglas y luego ser capaz de romperlas. Una vez que domines el tiempo dedicado a tu trabajo en el pasado, entonces vale la pena que te tomes el tiempo para aprender. Disfrútalo, disfruta de tus logros, enseña al mundo tu dominio de esta habilidad instalándose por un tiempo en tu zona de confort.

También te trae aprendizaje. Esta idea no es para detener tu mente, pensar que esta es la única forma de hacer las cosas, y no limitarte. Por favor, ten siempre en cuenta el potencial de los seres humanos, ya sea física o mentalmente, es ilimitado, y estás por encima de uno de los miles de escalones que tiene la vida.

Si entrenas tu cerebro para tener esta mentalidad para siempre, verás cómo aprovechar al máximo tu zona de confort, tu inteligencia emocional será muy buena, y sabrás exactamente cuándo despedirte de esta área y entrar en la búsqueda de nuevos. personas. Tomar riesgos, aprender y desafiar mejorará todos los aspectos de su vida.

*Desventajas*
Ya has ido leyendo lo que es la zona de confort y cómo afecta tu éxito. La zona te va a impedir que te superes a ti mismo. Pero para que tengas más claro de qué se trata la zona y la importancia de que comencemos a trabajar en salir de ella, tienes que conocer en detalle las desventajas para el estado mental y el comportamiento.

*Falta la confianza*
Es posible que te sientas cómodo en tu zona de confort durante un período de tiempo, pero un día la falta de progreso se hará evidente y, como resultado, puedes comenzar a dudar de tus talentos, habilidades laborales, habilidades de comunicación y otras habilidades.

Además, estar siempre en el mismo lugar y ver a las personas que te rodean mejorar y sobresalir te hará perder la confianza en ti mismo poco a poco, ¡lo cual es muy peligroso! La disminución de confianza puede ser el comienzo de un fuerte descenso en su desempeño en diferentes áreas o incluso depresión y otros problemas.

*Afecta el desarrollo*
La zona de confort siempre será muy seductora, y lo hará para que te quedes dentro, lo que al mismo tiempo significará que va a evitar que avances y logres el progreso. El que no te esfuerces por salir de ese sitio, puede interferir en el desarrollo de los proyectos que tienes, a pesar de todas las facultades personales que tengas.

*Afecta la atención*
Otra de las desventajas de esta zona es que va a enfocar tu atención a actividades que están lejanas de tus objetivos.

Es que cuando entras en este estado de inconformidad, consciente o no, vas a rechazar nuevos riesgos y te lleva a metas anteriores, lo que a su vez te dará una sensación real de autorrealización.

*Impides que asumas riesgos y responsabilidades nuevas*
Todas las cosas en las que estés involucrado (laboral dependiente o emprendimiento) siempre te traerán retos con una responsabilidad inherente, los cuales a su vez tienen un nivel de riesgo, que puede ser una herramienta para que ganes una posición privilegiada y un crecimiento continuo. Desafortunadamente, tu zona de confort te impide asumir estos desafíos y, por consiguiente, puede hacer que te quedes quieto o incluso retrocedas.

*Pierdes tiempo y oportunidades*
Dinero, cargos a nivel laboral y otros aspectos pueden recuperarse, lo que no se podrá jamás es el tiempo. Esto debido a que la zona de confort te hará evitar ver y tomar oportunidades en tiempos específicos de tu vida. No puedes permitir que esto suceda. No dejes de leer para que aprendas más de la zona y cómo salir de ella de forma definitiva.

Hay diversas aptitudes que tienes que desarrollar para irte

preparando y salir de la zona de confort. Luego de todo esto, ¿aún sigues pensando que la zona de confort es buena o le ves el peligro? Si es así, no te preocupes. Para que salgas de ella, solo te tienes que enfocar en desarrollar nuevas aptitudes.

*Creatividad*
Es lo más básico, porque te abrirá las puertas a proyectar lo que piensas e imaginas mediante una visualización de tu futuro. La creatividad siempre va de la mano con cualquier proyecto que quieras emprender, teniendo como resultado el innovar, siempre y cuando exista la proactividad para hacer posible tus sueños. Para hacerlo requieres tomar riesgos, de tomarlos estarás automáticamente saliendo de tu zona de confort.

*La curiosidad intelectual*
Así es, interesarse por cosas nuevas, áreas y disciplinas pueden ser un motor que te saque de la zona. De hecho, este estado de ánimo está relacionado con la indiferencia, la obediencia y el desinterés general. Por ejemplo, si profundizas gradualmente en un tema y te entusiasmas con él, estarás motivado para tomar riesgos y trabajar duro para relacionarte o innovar en el campo.

*Habilidades sociales*
Socializar, aceptar e interactuar constantemente con nuevos amigos es otra forma de alterar el yo interior y guiarlo en la búsqueda de nuevos horizontes, metas y objetivos. Además, es muy importante que seas optimista, apasionado y aventurero, claro, sin dejar de ser racional.

Después de haber leído este capítulo, ¿estás listo para salir de tu zona de confort? Incluso si piensas que sigues atrapado, lo único que debes hacer es desarrollar las habilidades que te dije en el anterior punto. De esta forma, tu vida ya no será un freno de mano y ya no sentirás que se te impide progresar y superarte, por lo que te sentirás realizado.

En los siguientes capítulos irás aprendiendo a confrontar la zona de confort e irla superando para que saques lo mejor de ti y te encamines al verdadero éxito.

# Capítulo 4: El círculo vicioso de la zona de confort

¿Te imaginas a qué me refiero cuando hablo de la zona de confort como un círculo vicioso? Te lo explico. Ya tenemos claro que vivir en la zona de confort es estar en ese sitio cómodo donde sentimos seguridad, pero donde, a su vez, no avanzamos en el crecimiento que en el fondo queremos lograr.

De repente, un día nos damos cuenta de esto y llega una energía que te impulsa a abandonar esta zona, a abandonar los miedos, y buscar cosas nuevas. Así, salimos de nuestra zona de confort y, en efecto, suceden nuevas experiencias; sin embargo, luego vuelves a estar en una nueva zona de confort. Es como si la fueras ampliando y le dieras vueltas a lo mismo, lo que tienes se va haciendo conocido y forma parte de esta zona de confort que se va expandiendo. Por esto, la idea no solo es salir de la zona de confort, sino que tienes que comprender que hay que expandirla constantemente.

Hablemos en este capítulo de este círculo vicioso y cómo te hace mantenerte apegado a ella sino siempre estar innovando.

La frase "salir de nuestra zona de confort" es una expresión muy común que muchos solemos utilizar, pero hay que ser más cautelosos al usarla. Las personas pueden interpretarlo como "deja de ser otra persona para ti mismo", porque nuestra zona de confort define nuestros hábitos, valores, comportamiento y existencia.

¿A dónde vas con la zona de confort?

Obviamente, no siempre quiero ir a ese lugar porque es demasiado extraño, demasiado incómodo e inherentemente peligroso. Esto está más allá de mi propio límite. Después de una crisis, a menudo hacemos cambios tan drásticos, pero si no hay una crisis obvia, no es fácil salir de la zona de confort.

Al tratar de salir de mi zona de confort, es muy probable que me encuentre en un punto donde sienta incómodo. Sin embargo, cuando quiero cambiar algo y extender mis propios límites a través de pequeños cambios progresivos, puedo lograr una zona de confort más grande sin salir de ella, simplemente rompiendo sus límites.

Los mejores objetivos se logran dando pequeños pasos. No quieras ir demasiado rápido, tranquilízate y camina a buen ritmo todos los días, llegarás más lejos. Siéntete contento de superar tus límites poco a poco todos los días. Aunque con cuidado de no quedarte estancado siempre en el mismo círculo, que se hace más grande.

Es muy conveniente para nosotros salir de nuestra zona de confort, pero parece que "tener una mala vida" es el enfoque correcto; sin embargo, esto no es para pasar un mal momento, sino para no conformarnos. Ampliamos el alcance de nuestros requisitos para nosotros mismos en el plan de la habilidad en desafío. La pregunta clave es: ¿Cómo puedo ampliar la base de las herramientas que utilizo para resolver los problemas que enfrento? Lo más importante no es cuántas clases he tomado y cuántos libros he leído, sino cuánto puedo aprender para que pueda utilizar toda la información y los conocimientos.

Prepararme para los desafíos que tengo que resolver es la mejor manera de lograr nuestros objetivos. Aunque, muchas veces, el problema es efectivamente la búsqueda de metas mayores, las cuales no perseguimos porque pensamos que carecemos de capacidad, o porque pensamos en lo que nos faltará si vamos más allá.

Por lo general, ante grandes desafíos, se nos hace necesario adquirir nuevas habilidades, nuevos conocimientos y aprendizajes para poder resolver mejor los problemas que estamos considerando hasta tener nuestro propio conocimiento y "resolver los problemas a nuestra manera". Esta es la manera de lograr nuestra meta.

Cada uno tiene su propia forma de aprender y hacer las cosas. La metodología y el conocimiento de otras personas se vuelve nuestro antes de que lo usemos, hasta que descubramos esta forma especial de hacer las cosas, que combina el conocimiento de los demás y la forma especial en que lo aplicamos.

Entonces, la mejor manera de desafiarte a ti mismo no es salir de la zona de confort, sino seguir expandiéndola, porque es en ese campo donde somos los mejores, confiados en lo que sabemos usar, pero siempre enfrentando desafíos. El punto es que nunca la dejes de expandir, que siempre sea más y más grande, dicho de otro modo, que siempre trabajes con ella.

Es común que en el mundo del desarrollo personal a menudo se malinterprete y se dedique a mejorar la productividad y el rendimiento. La realidad es que en el mundo acelerado en el que vivimos, siempre se nos exige más. Para muchos, la zona de confort es como un círculo vicioso donde debes estar constantemente apretando el cinturón y despegando. Estas personas nadan en el agua como peces en sus exigentes procedimientos, pero si no siguen un horario estricto y difícil, se ahogarán en el recipiente. Saben cómo lidiar con las obligaciones, pero no saben cómo lidiar con el disfrute y la relajación. Para estas personas, salir de la zona de confort no significa perseguir más y mejores resultados, sino aprender a relajarse y reducir la ansiedad. Quizás, en estas situaciones, un retiro, unas vacaciones, empezar a practicar yoga o la meditación sean las mejores sugerencias para ponerte en contacto con diferentes cosas y salir de la zona segura.

La zona de confort es el área con la que estamos más familiarizados, un área que ya no necesita conciencia ni mejora. Por eso, cuando nos proponemos ir más allá, primero debemos saber dónde están nuestros pasos y qué quieren que salga cada uno de su paso.

Conocerse a sí mismo, y cuestionarse es el primer paso para ir más allá de los límites conocidos. En segundo lugar, estamos decididos a "crear una ocasión" y exigirnos que mostremos personalidades sin desplegar. Hago hincapié en la palabra provocar situaciones porque no ocurren por sí solas.

Necesitamos instalar diferentes voluntades con una conciencia firme, aunque en principio no nos guste, será bueno para nosotros. Esos "no ganaste" son los que nos hacen volar por debajo de nuestras posibilidades y, a la larga, reducirán nuestra visión de nosotros mismos y de la realidad. Estamos acostumbrados a ver "más" y "llegar".

Así como una planta enraizada comienza a crecer, los humanos también comienzan a desarrollarse cuando se conocen a sí mismos. Si esto no sucede y nos convertimos en bonsái, nos sentiremos cada vez más deprimidos. De esta forma, el "confort" inicial puede provocar un malestar difícil de afrontar. ¿Por qué? Porque todo el mundo quiere sentirse feliz, necesita sentir que se ha superado a sí mismo, ha alcanzado logros, ha evolucionado, ha progresado, se ha elevado y ha superado los límites de sus pensamientos. Cuando esto suceda, experimentaremos un glorioso e íntimo orgullo personal y una constante satisfacción con nosotros mismos, y entonces podremos vernos a nosotros mismos como un proceso de constante movimiento.

Cuando la zona de confort domina nuestras vidas, se vuelve menos irritante y corremos el riesgo de volvernos indiferentes y sin sentido. La sensación de vacío proviene de la falta de nuevos desafíos.

Tal como lo dice el escritor Stephen King: "Los monstruos existen, los fantasmas existen también. Viven dentro de nosotros, y algunas veces, ellos ganan".

Al inicio hablamos de la mente. Si le ponemos atención a la

nuestra, veremos que más de una vez pensamos en muchas situaciones o eventos, acontecimientos que ya sucedieron, analizando lo que pudo fallar, lo que pudo ir mal o vemos un resultado genial que se logró y también vemos cómo se logró.

También se suele pensar en el futuro, en lo que no ha pasado y puede que no suceda. Este es un diálogo interno que tenemos siempre y nunca se silencia, y a veces termina siendo un gran enemigo.

Esto es muy importante, porque el miedo a volver a fallar en lo que ya hemos hecho nos hará retroceder inconscientemente y generar ansiedad. Y, seamos sinceros, hemos fallado en algún momento en casi todas las situaciones de nuestras vidas y, tal como dije antes, esos tropiezos son necesarios para crecer.

A veces somos optimistas, nuestros pensamientos nos dicen "Vamos, no siempre será malo", aunque fallamos antes, lo intentaremos nuevamente. Como ya sabemos, no hay fallas, solo retroalimentación. Cada vez que cometemos un error al intentar lograr algo, encontraremos una nueva forma de "no hacerlo".

En otras ocasiones, esto no sucederá así, y la voz cobarde aparecerá en nuestras mentes diciéndonos "No hagas esto, ya viste lo que pasó la última vez", que se suma a nuestra base de datos de "ruidosos fallidos".

Suele ser el comienzo de un círculo vicioso difícil de romper. Este tipo de diálogo interno negativo nos volverá a generar ansiedad por miedo al fracaso, lo que nos impulsa a analizar la situación, buscar errores y encontrar la perfección que no existe, generando así una idea de mal control de situaciones o factores. De hecho, estas situaciones o factores están fuera de nuestro control.

Cuando nos despertamos de ese error, cuando nos damos

cuenta de que no podemos controlar todo lo que nos rodea y algunos factores están fuera de control, aparece una vocecita que dice "Mira, no puedes controlar todo. Deja que suceda, es inevitable".

Salir de la zona de confort constantemente y hacer el círculo más grande es un trabajo donde tienes que estar alerta. Aquí te pongo un ejemplo: tienes el mal hábito de no hacer ejercicio, aunque lo combinas con otros buenos hábitos. Estás en la zona de confort de comer sano y ya, pero sientes que tu cuerpo te pide el deporte que nunca haces. Comienzas, entonces haces cárdio siempre, vas a la caminadora y pones una película mientras caminas 5 kilómetros. Eso está excelente, caminar tiene muchos beneficios, pero luego de un tiempo ya se vuelve más de lo mismo, siempre caminando. Te das cuenta de que podrías lograr más en otras partes de tu cuerpo, entonces combinas y sales de la zona de confort, así que te montas en la elíptica para trabajar otras partes de tu cuerpo mientras disfrutas de esta máquina y ahí te puedes quedar un tiempo.

De nuevo en la zona de confort, usando estas dos máquinas, entonces enfrentas la zona de confort y te atreves a montarte en la escaladora, esa máquina que son unos escalones infinitos, agotadora, que te impone un gran trabajo de cárdio. Comienzas en ella, sudas, te agotas, pero le agarras el ritmo.

Estás en tu zona de confort, adelgazas, sientes la piel un poco flácida, pero no te importa, tienes peso ideal, para qué esforzarte más.

Un día piensas en que lo mejor sería volver a salir de la zona de confort, entonces te pones a hacer un poco de pesas, de poco peso para que no te conviertas en una mole como The Rock, pero al menos para definir.

Más adelante quieres hacer un poco de músculo y puede que sí quieras al final ponerte musculoso o no, quieres tener un cuerpo estético, como un instructor de yoga o un guerrero de kung fu, entonces tonificas y haces pesas.

¿Cómo sales de la zona de confort aquí?

Puedes elegir las clases que dan en el gym, ir a hacer algún otro deporte, cambiar de las mismas máquinas que usas siempre, alterar el orden, ver qué ejercicios pueden ir con tus objetivos para tu cuerpo.

Esto que acabo de mostrar puede aplicar a todos los aspectos de la vida, universidad, trabajo, negocios, pareja, lo que sea, siempre tienes que mantenerte en un constante enfrentamiento a la zona de confort.

Que la zona de confort nunca te estanque, cuando sucede, terminas en un problema, porque estás cómodo, limitado. Si sientes que no creces, entonces es momento de patear la mesa y buscar ir un poco más allá.

He conocido personas exitosas, con empleos que les ofrecen grandes experiencias, pero llegan a un punto donde este empleo no les brinda nada más, sienten que no crecen, y esto los va deprimiendo, entonces buscan un nuevo empleo, a veces con empresas similares, pero en la otra llevan otras dinámicas. Por ejemplo, una mujer trabaja en una agencia de publicidad, donde llevan todas las relaciones públicas de un banco, allí, dirige todo lo que hace a nivel comunicacional, pero ya llega a un punto donde no hay mucho más para hacer y se le presenta la oportunidad de trabajar en otra agencia que lleva las relaciones de Coca Cola y le dan esa cuenta. Sin duda esta empresa supera en tamaño al banco, entonces sale de su zona de confort y enfrenta nuevas experiencias.

En resumen, el plan es que salgas de tu zona de confort, que amplíes tu zona sana, es decir aquella donde no te estanques y siempre estés atento a si el lugar en el que estás ahora vale la pena o no, o si podrías dar más con un poco de esfuerzo.

¿Estás en una zona de confort? A lo mejor no lo sabes, tal vez te sientes bien, pero hay algunos elementos que podrían mejorar. En el siguiente capítulo hablaremos de cómo analizar tu vida, identificar tu zona de confort y ver qué podrías cambiar.

# Capítulo 5: Identifica tu zona de confort

La zona de confort es un lugar maravilloso y muy cómodo porque aquí no pasa nada importante. Todos los días corremos el riesgo de quedar atrapados en ella, ya que la rutina es una invitación que siempre aceptamos, abriendo así la puerta a la obediencia en nuestra vida. Pero mucho de esto termina siendo malo, crea un lugar donde el crecimiento desaparece.

Lo interesante es que sabemos cuáles son los efectos negativos de permanecer en nuestra zona de confort, pero, a pesar de eso, seguimos eligiendo los comportamientos y actitudes que nos atrapan en este círculo vicioso. Desde perder oportunidades, evitando lo desconocido, hasta preferir las mismas cosas de siempre (mismo almuerzo, ruta de trabajo, plan de fin de semana).

Ahora bien, si tu objetivo en la vida es pasar desapercibido y no tener un impacto en tu sociedad, entonces si haces las mismas cosas de siempre, no mejor, y te quedas cómodamente en tu zona de confort, no hay problema. Pero si estás leyendo este libro es porque tienes planes para crecer como ser humano. Aumentar tus logros, salir de ese sitio donde no te sientes cómodo, pero no tienes del todo claro cómo conseguirlo. No te preocupes, ya nos estamos encaminando, ahora mismo identificamos el problema en ti. Esta parte es muy práctica, por lo que aprenderás a aplicarlo en tu vida y saber cuál o cuáles son tus zonas de confort y procederemos a irla eliminando paso a paso.

Sin embargo, si tú eres una persona inconformista y quieres construir una mejor versión de ti mismo, elevar tus estándares y convertirte en un ganador, entonces debes aprender a salir de su zona de confort.

El propósito de este capítulo es mostrarte una serie de señales de que estás en tu zona de confort. Si sientes que te identificas con alguno de ellos, entonces es el momento de reflexionar sobre la vida que deseas y sobre si tus decisiones y acciones actuales ayudan a lograr estos objetivos.

**Sientes que lograste todas tus metas**
Una de las señales que te dicen a gritos que estás en la zona de confort es la sensación de que lograste todos los objetivos y que no hay nada nuevo para hacer. Recuerda, los seres humanos necesitan cambiar para seguir creciendo, y si no cambian, hay un estancamiento. Entonces, cada vez que logras algo, debes definir una nueva meta.

Este y los demás puntos te los explicaré con un ejemplo para que entiendas e identifiques si es tu caso.

Imaginemos que un periodista de CNN se graduó en una universidad de prestigio, con una carrera respetada, sale en televisión, tiene un buen sueldo, una buena casa, un buen auto, una familia, un par de niños y un perro en el jardín de una casa con barrera blanca. El sueño americano. Pero ya... no ha hecho nada más, cada día un programa matutino o vespertino donde se da casi la misma información, casa, trabajo, salir con los niños, jugar golf... podría ser la vida soñada para muchos, ya que él tiene todo lo que otros persiguen ahora. Alguna vez este periodista lo añoró, enfrentó la zona de confort y llegó donde está, pero esa ahora es su zona de confort, ¿Cómo hace? ¿No tiene nada más qué hacer?

Seguramente, por ejemplo, es solo un licenciado en comunicación social, podría estudiar una maestría, escribir un libro, hacer talleres e incluso darle una patada a la mesa tal como lo hizo el reconocido periodista Ismael Cala, que dejó un programa de una hora importante 8:00 PM que tenía su nombre y se puso en otra onda donde al parecer se siente más cómodo y le sirvió para construir mejor su imagen.

Entonces, puedes estar ahora mismo en una zona cómoda, te gusta, pero, si no te sientes del todo a gusto, ¿crees que podrías hacer algo más?

**Quedarte donde tienes el control**
Cuando te sientes cómodo, cuando sabes antes cómo será tu día y puedes controlar la mayoría de situaciones, esto puede ser muy placentero, pero es una señal negativa de que no lo has intentado.

Esto se refiere a tener esas rutinas que nunca cambian, todos los días lo mismo, en la noche dejas la ropa para ir al gimnasio al día siguiente, vas, usas las mismas máquinas todos los días, vuelves a casa, comes, te vas a trabajar o a estudiar, te vas por la misma ruta, te sientas del mismo modo, escuchas la misma música, el día es… gris, haces lo mismo todo el tiempo, nunca rompes el molde, cosas tan pequeñas como irte por otra calle, como no ir a entrenar en la mañana sino en la tarde, desayunar fuera en vez de en casa, leer un libro en vez de ver una serie, ver una serie en vez de quedarte pegado al móvil.

O, yendo más allá, no enfrentar de repente asumir un proyecto más desafiante, porque sientes que no controlas lo que sucede y te da miedo, pánico. Así que prefieres seguir haciendo lo mismo, porque allí te sientes mejor, nada malo sucede, todo fluye mejor, ¿cierto? Si te sientes así, entonces ese es otro signo de que estás en la zona de confort.

En esto mismo se enmarca que tomas las decisiones más seguras.

¿Nunca tomas riesgos? Esta es la clave principal para tu conexión con tu zona de confort. Tomar algunas decisiones espontáneas, como viajar de repente, optar por cambiar la rutina, tomar algunos riesgos para lograr lo que quieres, o incluso finalmente decidir terminar con esta relación que tantos problemas ha causado, es el primer paso para alejarse de la rutina y ayuda a romper el círculo. Esto no significa que debas renunciar a tu trabajo, vender tu casa y dejar todo lo que tengas para viajar por el mundo durante el resto de tu vida, sino que, con pequeños pasos, irás cambiando hasta que puedas llegar a donde quieras.

He visto muchas personas que están en relaciones de pareja en las que no aman ni son amados, a lo mejor solo les une la rutina o la pasión y la atracción física, con lo cual "resuelven" muchos problemas, pero no son felices. Relaciones tóxicas donde las parejas se insultan, se golpean e incluso tienen amantes, pero no terminan de dejarse, porque se ha creado algo que dicen es "costumbre" y que "la costumbre es más fuerte que el amor" pero lo que en realidad sucede aquí es que la zona de confort es esto, a pesar de que no hay felicidad, el dar el paso para romper con este infierno les aterra, sienten que pierden algo, cuando visto desde perspectiva terminan ganando.

Esto aplica para todo en la vida, la persona que odia su trabajo, pero va como un borrego día a día a soportar a un jefe que odia, los novios que no se aman, pero siguen, las relaciones difíciles con los padres que no terminan de romperse, la carrera universitaria mal elegida donde la persona pierde tiempo yendo cada día a clases con algo que nunca va a ejercer.

Tienes que salir de esta zona, porque te roba el tiempo, que es un valor muy importante.

## Permite que otros influyan en su vida
Si quieres teñir tu cabello de un color atrevido, pero tienes miedo de lo que dirán, si dejas tu trabajo favorito debido a la presión familiar, o si no estás de acuerdo y guardas silencio por temor al conflicto, entonces eres infeliz. Será así hasta que cambies tu forma de pensar y comiences a preocuparte por ti

mismo y tu propia felicidad, en lugar de preocuparte por los demás. Recuerda, la gente es así, después de todo, gente. Ellos juzgarán todo lo que haces, así que es mejor que realices más acciones que te hagan feliz a ti y no al resto.

Esto es algo que aplica por ejemplo a ese joven que vive en familias de médicos, donde su padre es médico, su madre también, los abuelos lo fueron y los bisabuelos igual, por lo que, por supuesto, se espera que este hijo siga la tradición, aunque no quiere, pero lo hace porque es lo que dictan las normas de la familia, pese a que en el fondo siempre tendrá la frustración de no haberse hecho arquitecto.

Así aplica a toda la vida, la esposa que no le dice lo que siente a su esposo porque no quiere alterarlo o se deja manipular y, por ejemplo, no trabaja porque el esposo no la deja, porque el machismo del hombre lo impide. Aplica a los novios que no hacen determinadas cosas por lo que dice otra persona o el que va como un borrego a cumplir las normas de terceros, porque así lo dictan los medios.

Dejarse influir cuando en el fondo no se quiere hacer algo es un tipo de zona de confort, es lo mejor, piensas, porque no hacerlo te daría la razón, pero te sacaría de tu tranquilidad y te hace pensar en las consecuencias de hacerlo.

**Detestas tu trabajo**
No hay un trabajo perfecto, siempre habrá desafíos y situaciones que no te agradarán en absoluto. Sin embargo, cuando estés en el lugar de trabajo, nunca deberías sentirse obligado o incluso sacrificado. Recuerda, tienes que trabajar para vivir, no vivir para trabajar; a veces es mejor estar desempleado durante unos meses que hacer cosas que no le gustan de manera dolorosa durante toda la vida.

Si estás en una situación donde añoras el viernes, disfrutas el sábado, pasas el domingo un tanto abrumado y en la noche de este día te deprime que haya acabado el fin de semana y los lunes te levantas de mal humor porque tienes que trabajar de nuevo en algo que no te gusta, te sugiero que rompas la zona de confort y encuentres otro empleo o emprendas en eso que tienes en el tintero, eso que quieres hacer y aún no te has atrevido.

Romper y salir de la zona de confort implica incluso dejar empleos de años. He conocido personas que tienen empleos de gran altura, como CEO de empresas internacionales; no obstante, un día deciden romper con todo y salirse de la empresa, y con el dinero que tienen invertir. A veces lo hacen en multinivel, otras en negocios propios y les va bien, asíq comienzan a ganar más dinero, pero no solo eso, sino que comienzan a vivir felices consigo mismos, siempre fuera de la zona de confort en lo que respecta a lo laboral.

Si odias tu trabajo en este momento, comienza a evaluar las opciones: qué pasaría si renuncias, qué otro trabajo podrías hacer, cómo podrías empezar a actuar para dejar ese empleo poco a poco sin que te afecte. Hazte un cronograma y comienza.

**Le temes al cambio**
La primera señal de que se avecina algo grandioso es el miedo. Si nunca tienes miedo, es posible que no tengas suficiente riesgo. Cada cambio implica esfuerzo y adaptación, por lo que, si escapas de una situación incontrolable, es posible que nunca salgas de tu zona de confort.

Si tienes muchas cosas en la mente, pero no lo haces porque te da miedo, entonces estás en la zona de confort donde, aunque suene contradictorio, no es tan confortable ahora mismo. A lo mejor tienes deseos de emigrar porque en tu país las cosas no están bien. Seguramente sientes que irte es alejarte de tu casa, que es propia, donde no pagas arriendo y, aunque no eres feliz porque hay muchas carencias y tienes un potencial para dar, igual te da miedo salir de casa, irte a otro país, pagar arriendo, enfrentar la ausencia y lograr todo lo que tienes en el pecho trancado.

Sé que es un ejemplo extremo, pero patear la mesa de ese modo te ayuda a crecer. Muchas personas están en empleos donde no los valoran y no se van por el miedo a no conseguir otro trabajo, a que sea solo una utopía y a tantas cosas, cuando en realidad tienen todo por dar, pero no lo hacen por ese temor.

Si te pasa, te recomiendo que lo pienses, que no dejes que el miedo te domine y que salgas de la zona de confort rompiendo poco a poco ese lugar donde estás. Si es un empleo, busca otras opciones antes de irte del que tienes actualmente; si es una pareja, busca reforzar tu autoestima e inteligencia emocional para que al romper esa relación no sientas que ella era el motivo de tu alegría, que tú solo puedes serlo.

### Sientes que no puedes lograr cosas más grandes

La inseguridad es el peor enemigo del éxito. Si a menudo te quejas de no poder hacer lo que quieres hacer, o incluso de no poder hacer lo que quieres hacer, y te sientes triste o deprimido durante mucho tiempo, es posible que debas cambiar por completo tu decisión. Si todos los demás pueden, recuerda ser constante y hacer todo lo posible para que esto suceda.

Me he encontrado con personas que tienen un potencial increíble, por ejemplo, cantantes, que solo se conforman con subirse a los buses a dar su talento por unas monedas y bocas torcidas porque no quieren escucharlo. He visto a imitadores de voces increíbles que solo quedan para fiestas donde son el payaso, pero no para explotar el talento y no porque no quieran, tanto el cantante como el imitador sueñan con ser famosos, por estar en un programa y que lo sigan en redes, pero no hacen nada por intentarlo y me han confesado que no dan el paso porque sienten que no podrán lograr grandes cosas, que ser cantante es algo que no le cabe en la cabeza y que lo de la imitación es un chiste, cuando en realidad es un sueño frustrado.

Así pasa en todos los aspectos, se quedan en una zona de confort cuando podrían lograr mucho más.

**Tienen miedo de ir contra corriente**
¿Sigues con tu novia porque todos tus amigos ya están casados y no quieres ser el solterón o la solterona del grupo? ¿Sigues haciendo un trabajo que odias, porque todos los demás tienen un salario estable y no quieres empezar de nuevo? La mayoría de la gente, lo crea o no, se encuentra en su zona de confort, al menos en alguna etapa de sus vidas, por lo que, si hace lo que ellos hacen, caerá en el famoso pozo sin fondo.

A lo mejor tienes un sueño de hacerte un tatuaje, tal vez es un símbolo que representa a tu abuela a la que tanto amas, que ya partió al cielo y quisieras llevarla contigo en la piel, pero no lo haces porque tu familia se opone a los tatuajes o porque te da miedo ver qué podría pensar la sociedad si te tatúas. O eres una persona que quiere ponerse un arete en la oreja, o quieres pintarte el cabello de azul y no lo haces porque temes la opinión de otros.

Tal vez tienes deseos de salir de ese empleo porque tienes una idea de negocio sólida, potente, donde puedas emprender con una idea ya estudiada, con un mercado identificado; sin embargo, no lo dejas porque te da miedo lo que digan otros y ves desde la barrera el éxito esperándote, pero no quieres ir por él. Este es uno de los grandes errores que he visto, ideas increíbles que no se materializan porque la persona que quiere hacerlo tiene límites que no les hace dar el paso, que ven lo negativo en todos lados y se centran en seguir quejándose en lo que tiene que apretar un poco y cambiar para mejor.

## Consideras que no se puede cambiar nada

Aunque deberíamos estar agradecidos por lo que tenemos y deberíamos disfrutarlo plenamente, muchas personas no están interesadas en explorar nuevas ideas. A estas personas no les interesa aprender a ser felices, pero se adaptan a la realidad que no pueden ver.

Este punto te lo pondré como un ejemplo, imagínate que, un día, la persona que creó Uber hubiera pensado que eso no serviría, pues todas las personas salían a la calle y tomaban un taxi o llamaban a la línea cercana y este llegaba a casa a los pocos minutos. Cómo va a funcionar un negocio donde una persona particular se une a la aplicación y se hace taxista con su auto personal y otro entra y pide el servicio para que lo lleve a otro lugar. No parece una idea lógica, porque de repente el conductor es un secuestrador, un violador, un asesino, no es confiable como los taxistas homologados que van en un auto amarillo con el rotulo de la empresa que representan.

Es lo que se piensa. Pero la aplicación salió, fue un éxito, y otras han salido. Aplica lo mismo para las apps de comida donde, a través de esta, se pide algo que un joven busca y te lleva a casa. Si esos visionarios se hubieran quedado en la zona de confort, nunca habrían existidos estas apps.

¿Qué idea tienes tú ahora que crees no se puede materializar? Nada pierdes con intentarlo. Se pierde más cuando no lo intentas que cuando lo intentas.

**Tienes muchos sueños, pero haces poco**
¿Eres de esas personas que quieren hacer muchas cosas pero no actúan en consecuencia? Cuando estás feliz de soñar con lo que quieres hacer, pero no has dado el primer paso para lograr tus objetivos, eso demuestra que estás en tu zona de confort.

Conocí hace años a un amigo que tenía un talento increíble para los temas relacionados a los animales. Tenía un gran conocimiento sobre las abejas, un lugar para colocarlas en una finca de su padre, herramientas que compró en Estados Unidos para atenderlas, tenía algunas abejas porque cada año sacaba un poco de miel, y tenía ideas de comercio si aumentaba la cantidad de abejas y miel. Pero todo eran sueños, nunca se ponía manos al a obra salvo los 5 litros que sacaba anualmente de miel. Era deprimente verlo hablar con esos ojos brillosos de sueños no hechos.

También me contó sobre cómo criar cabras blancas, que daban dinero, que era un negocio y que en su entorno era poco. Tenía el terreno y las herramientas, pero nunca lo hizo.

También pensó en emprender con una pollera, pero por conflictos propios no comenzó. Lo triste de todo esto es que, si se disponía a hacerlo, tenía el potencial, el conocimiento y la disciplina. Eran puros sueños, además de un resentimiento propio por ver el triunfo de los demás y no el suyo y así se le fue la vida. Actualmente se dedica a hacer labores menores, arreglar bombillos rotos, un trabajo de plomería y demás tareas, pero sus sueños increíbles son solo parte de su odio porque no logró nada.

Lamentable.

**Te alejas de quien no piensa como tú**
Te sentirás cómodo cuando las personas que te rodean

compartan tus opiniones. Por eso, cuando alguien no está de acuerdo contigo, con diferentes preferencias, gustos o puntos de vista opuestos, tiendes a mantenerte alejado de ellos.

A mí me gusta la sinceridad, y cuando algo no me ha gustado lo he dicho, esto ha alejado a personas que me han buscado para que les diga lo que ellos quieren oír, pero no los he complacido.

### No aprovechas tus talentos
Muchas personas se resignan a vivir sin aprovechar todos los talentos, solo piensan que esa es la mala suerte que les tocó. Que no podrán lograr X meta porque "no tengo, no puedo, no soy, no vivo en el país correcto, no me deja mi esposa, no puedo dejar mi empleo", incluye la excusa que más te convenga o la que digas a diario. ¿Sabes algo? Solo es eso, una excusa que te limita a seguir adelante, que te estanca en tus sueños.

Eres bueno en algo, tienes un talento único que no se usa en tu trabajo, pero sucumbes a esta realidad. Prefieres quedarte donde estás y evitar situaciones embarazosas.

### Nunca tienes nada nuevo que contar
¿Alguna vez has hablado con una persona a quien no has visto en mucho tiempo, y cuando le preguntas cómo está, su respuesta es la misma que cuando se vieron la última vez? Si no creces, cambias y aprovechas nuevas oportunidades, tu vida se estancará. Cuando te sientas atrapado, toma la decisión de contar una buena historia.

Si andas en lo mismo, si nunca tienes nada nuevo que contar, estás en una zona de confort bien reducida y deprimente, deberías considerar romperla y salir de ella, porque estoy seguro de que en el fondo hay muchas cosas que podrías comenzar a hacer y no te has atrevido a dar el paso.

### Tu imagen futura es igual a la de ahora

Un indicio de que te encuentras estancado es cuando piensas en el futuro y te imaginas en la misma situación en la que estás hoy. No tienes proyectos para el futuro y no estás interesado en cambiar tu trabajo, el lugar donde vives o las personas que te rodean.

### No enfrentas las limitaciones
¿Ha intentado hacer lo que te gusta o alguien te ha dicho que no es bueno en eso? Si no ha intentado superar tus limitaciones y está acostumbrado a vivir con ellas, entonces su vida es demasiado cómoda.

### Crees que no puedes lograrlo
Debido a que no estás luchando con tus propias limitaciones, sientes que no eres capaz de alcanzar grandes logros en la vida; crees que tus sueños son imposibles de lograr y necesitas factores externos a ti para lograrlos.

### Vives justificándote todo el tiempo
Tu falta de resultados no se debe a tu falta de habilidades, sino a la falta de recursos (dinero, tiempo, contactos), a que le haces más caso a las opiniones de otras personas, o cualquier otra excusa que no tenga nada que ver contigo. Recuerda, si no sales de tu zona de confort, nunca podrás acceder a nuevos resultados.

Siempre dices que no puedes estudiar la carrera porque no puedes ir en bus a la universidad, no dejas el empleo porque tu esposa se enoja, no emprendes porque el dinero no te alcanza, y así una serie de peros en vez de soluciones.

### Te quejas, pero no haces nada para mejorarlo
Quejarse se ha convertido en parte de tu trabajo diario, sin embargo, no has tomado ninguna medida para mejorarlo. Entonces, quejarse es solo una reacción negativa a tu vida.

Finalmente, la peor señal de que se encuentra en su zona de confort es acostumbrarse a vivir con carteles que acaba de leer.

Como mencionamos al principio, si quieres vivir una buena vida, tienes que tomar decisiones difíciles, diferentes, y no todo el mundo está dispuesto a tomarlas.

Si lo dicho hasta ahora no te ha quedado claro del todo, te dejo una serie de preguntas para que te las hagas y confirmes si estás o no en tu zona de confort:

- ¿Ya no te esfuerzas porque sientes que, de todos modos, nada va cambiar?
- ¿Tienes mal humor con las personas alrededor y sin razón aparente?
- ¿Descalificas a las personas que hacen lo que quisieras hacer tú?
- ¿Desde hace tiempo te sientes insatisfecho con lo que haces pero te mantienes ahí porque dices que peor es nada?
- ¿Siempre juzgas a los otros? ¿Siempre sabes la mejor forma de hacer las cosas o piensas que si fuera tu responsabilidad lo harías mejor?
- ¿Estás de acuerdo en que "más vale malo conocido que bueno por conocer"?
- ¿Pasas tu vida en una monotonía constante y quieres romperla pero sabes en el fondo que no lo vas a hacer?

Si respondiste que sí a una o más, lamento decirte que estás en la zona de confort y entre más "sí" hayas tenido, más compleja es esa zona.

### ¿Por qué nos da tanto miedo el cambio?
El problema del miedo es la falta de control, nos hace temer cosas que no podemos controlar, nos da miedo precisamente porque no podemos controlarlas. El miedo nos paraliza y nos deja impotentes, pero ¿lo sabes? Quiero contarte un secreto que casi siempre olvidamos ... El miedo casi siempre es peor que la situación que lo provocó ... ¿Te pasó a ti?

¡Hay que soltar! Enfréntate a tus miedos y toma el control de tu vida.

# Capítulo 6: Cuándo salir de la zona de confort

Aunque en el capítulo anterior te asomé un poco las consecuencias de estar en la zona de confort, quiero dedicar este capítulo a ampliar esta información y mostrarte las consecuencias de lo que sucede. Esto para impulsarte a que dejes la zona de confort de una vez por todas.

No hay duda de que la "zona de confort" varía según cada persona. Algunas personas no quieren entablar amistad con otras, otras no quieren encontrar trabajo y quieren seguir viviendo con sus padres hasta los 40 años. Cada una tiene sus propias zonas y se quieren quedar en ella pero a la vez no.

Muchas personas evitan salir de esta zona porque tienen miedo al cambio, tienen miedo a hacer algo que pueda cambiar sus vidas por completo. Pero todos necesitamos un cambio en la vida de vez en cuando.

**No sientes felicidad y no sabes por qué**
Lo tienes todo, pero nada puede hacerte feliz. ¿Te suena esto familiar? Bueno, de alguna manera, encontraste la manera de tener todo en la vida, pero nada de eso puede satisfacerte. Esta es una señal para hacer cosas nuevas.

Erich Fromm ha señalado con éxito que "si no estamos satisfechos con lo que tenemos, no estaremos satisfechos con lo que nos falta". Sin embargo... ¿Qué nos falta? ¿Es la autoestima o la autorrealización? ¿Qué área coloca Abraham Maslow en la cima de la pirámide de las necesidades humanas?

De hecho, esta es una pregunta que muchas personas se hacen a menudo. Se siente como si lo tuviéramos todo, pero todavía nos falta algo tan profundo que no sabemos cómo definirlo. Esta es una experiencia recurrente. Ante tal situación, solo queda una opción: detenerse, ponerse en contacto consigo mismo y responder una serie de preguntas tal como espero que lo hayas hecho con el esquema arriba.

Estamos acostumbrados a escuchar que la felicidad no está afuera, sino adentro. Sin embargo, ¿cuál es el significado real de esta expresión? La verdad es que cuando solo hay sentimientos de insatisfacción, depresión y vacío en lo profundo de nuestro corazón, es difícil encontrar algo en nuestro propio corazón.

Por lo tanto, la felicidad requiere muchas cosas: necesitamos una autoestima saludable, habilidades para resolver problemas y comprensión de nuestras emociones y las de los demás ... También necesitamos una identidad clara, confianza en nosotros mismos y una buena actitud para enfrentar con estrés, fracaso e incertidumbre. Habilidades y herramientas sociales...

De este modo, cuando te dices que tienes todo para la felicidad, seguramente tendrías que reflexionar un poco. Entonces, háganos saber qué áreas pueden mediar este tipo de percepciones.

Cuando trabajas el salir de la zona de confort, comienzas a trabajar tu felicidad, a sentirte mejor contigo mismo. Si no eres feliz a pesar de tenerlo todo, pues es hora de salir de la zona de confort.

**Olvidaste cuándo hiciste algo nuevo**
Aprendiste a andar en bicicleta cuando eras joven, solo escuchas la misma música que cuando tenías 15 años y solo lees los libros que más te gustan. Aprende a patinar, escucha música nueva, lee un nuevo libro y explora la ciudad.

Estancarte en hacer lo siempre lo mismo, una y otra vez, te estanca y afecta no solo tu vida, sino hasta las relaciones que tienes con los demás. Cuántas relaciones no fracasan porque no hacen nada nuevo, la rutina los aborda y el amor se escapa por la ventana. Haz cosas nuevas que eso te ayudará a mantenerte fuera de la zona de confort.

### Te resulta difícil hablar con otras personas

Estás acostumbrado a hablar con tus amigos, y cualquiera que se acerque a ti para empezar a hablar no durará mucho intentándolo, porque lo alejarás con tu hermetismo o tu cara.

Tu comportamiento y tu forma de interactuar con los demás son lineales. Por esta razón, incluso las personas más sociables tienen problemas para llevarse bien con los demás. En muchas situaciones diferentes, una persona puede hacerse esta pregunta: ¿Por qué me resulta difícil hablar con la gente? Una de las razones puede ser porque le es difícil salir de la zona de confort.

Si esta dificultad se ha convertido en un obstáculo en tu vida y te impide convertirte en una mejor persona, por ejemplo, si sientes que este freno interfiere constantemente de manera negativa con tu importante propósito de hacer nuevos amigos y entablar relaciones, entonces es hora de que comiences a buscar el modo de dar el paso y dar lo mejor de ti para mejorar la versión que eres ahora mismo.

### Pide lo mismo siempre

A lo mejor al ir al restaurante pides lo mismo de siempre, cuando vas a la peluquería pides el mismo corte de cabello, siempre visitas la misma tienda, todos saben lo que quieres ya, incluso te dicen "¿Lo de siempre?". Sería bueno que cambies, que te atrevas a probar eso que está en el menú y te da miedo probarlo.

**Tienes el mismo look de la secundaria**
Los pantalones de campana, el corte de cabello como si fueras un Beatle, lentes inmensos y playeras que hace tiempo tuvieron vida. La verdad es que vestir igual siempre no es lo más recomendable, no te imaginas el impacto emocional que tiene cambiar de look. Es una zona de confort que a veces es muy sólida y les cuesta mucho a las personas romper, pero les deja grandes resultados cuando por fin se atreven.

**Vives añorando el pasado**
Antes las fiestas eran mejores, ahora no. Antes el cine sí era bueno, ahora es una basura. Todo era barato antes. Si no explora, ¿cómo puede esperar que cambien las cosas?

Constantemente tienes que poner mucho esfuerzo emocional para poder moverte en tu cuerpo actual y salir de ese tiempo o esa época que ya no existe.

Viajas al ayer y pierdes hoy todos los días. Todo el tiempo que dedicas es el tiempo que nunca te darán. Cuando estás obsesionado con el pasado en el que vives y recuerdas cada momento de la película que estás mostrando en su pantalla interna, no hay momento de interrupción o desconexión.

Pareces estar ausente y toda presencia parece aburrida e inoportuna. Parece que lo único que te atrae es concentrarte en lo que tenías en ese momento, lo que solías hacer y lo que perdiste.

**Siempre procrastinas**
Esperas que todo sea perfecto, prefieres que otra persona lo haga. Es momento de que comiences a hacerlo ya mismo y por tu propia cuenta.

Aunque no siempre es consciente, la procrastinación puede

tener un impacto negativo en nuestra productividad. A la larga, tendrá un impacto negativo en nuestra autoestima. El no completar las tareas inconclusas puede hacernos enojar con nosotros mismos y con nuestro concepto de nosotros mismos, el cual se torna es negativo, ya que tendemos a pensar "qué perezoso soy, ni siquiera soy capaz...".

Al principio, el alivio que podemos sentir cuando posponemos una actividad es porque reducimos la ansiedad de tener que realizarla. Pero después de un tiempo, incluso si se pospuso, las emociones que aparecieron fueron la culpa: "No debería haberlo dejado por tanto tiempo", "Me siento mal ahora", etc. También hay sentimientos de incompetencia e irresponsabilidad.

Generalmente hablando, las emociones que aparecen cuando hacemos la actividad a tiempo son opuestas a las emociones que tuvimos cuando se pospuso la tarea. En otras palabras, comenzamos a sentirnos satisfechos con nosotros mismos, satisfechos con nuestro desempeño, capaces, etc. Estas emociones afectarán positivamente nuestro autoconcepto y nos ayudarán a tener una autoestima más saludable.

La procrastinación no es una característica irreversible, es un hábito que desarrollamos y no somos conscientes de su impacto negativo en la forma en que nos vemos a nosotros mismos. Mediante la formación seremos capaces de cambiar los comportamientos antes mencionados y gestionar nuestro tiempo de una forma más eficiente, eficaz y satisfactoria.

### Dices que no con frecuencia

Te niegas a aceptar cualquier invitación que te anime a probar cosas nuevas. No temas a las cosas nuevas, empieza a vivir a tu manera, no temas a nada.

¿Busca razones por las que se recomienda salir de su zona de confort?

La zona de confort te apresa. Nos convence de quedarnos en ella. Al igual que ese amigo, cuando le propusimos la idea de ir a nuestra casa, abrió otra botella de cerveza y nos llenó de vasos sin ni siquiera preguntarnos. "Quédate aquí, ¿para qué vas a tu casa?". Entonces, nosotros nos quedamos con un poco de resignación, no tenemos el coraje para dar el paso, tomamos asiento y juramos que después de esta botella nos vamos.

La verdad es que sentimos un poco gusto por ello. Se siente un consuelo necesario que hace que olvidemos lo que hay fuera y olvidamos la satisfacción de superar los obstáculos.

Es bueno que se dominen los espacios donde estamos, que seamos buenos en lo que hacemos y nos movamos libremente y tengamos alegría en el trabajo. Pero también debería prohibirse vivir sin felicidad. La zona de confort nos ciega, nos relaja y pone en una aparente "libertad", no queremos salir de ese estado y no vemos cómo. Tenemos que reaccionar, tener claridad mental.

Para acentuar el motivo para salir de la zona de confort te dejo unas razones para hacerlo

**Resiliencia**
¿Sabes lo que significa?

Si vemos el concepto, es la capacidad que tenemos para adaptarnos a situaciones fuertes. Es solo salir de la zona cómoda. Adáptese a las cosas a las que no estamos acostumbrados. En las condiciones que normalmente no vivimos, se nos pone en pruebas, lo cual nos lleva a desafiarnos para poderlas superar.

Pero no es que solo te desafíes, sino que también te adaptes a ellos de un modo positivo, lo que hace que crezcas y aprendas más.

La resiliencia es una meta difícil de lograr cuando estamos en el proceso de cambio. No se debe tanto a la tarea en sí, sino a que nos hemos encontrado con barreras psicológicas internas. Juzgamos por nosotros mismos. Creemos poder lograrlo, que tenemos la capacidad para superar las cosas saliendo de la zona de confort.

Al principio se pensó que las personas son inherentemente resilientes, pero luego se descubrió que algunas personas tienen esta capacidad, mientras que otras no. Entonces, las personas descubren que pueden aprender ciertas actitudes o métodos para afrontar activamente entornos desfavorables.

Se dice que algunos creen que es un modo de reducir los riesgos en puntos hostiles y es aprender habilidades para el día a día, como comunicación segura, cooperaciones y resolver problemas sin violencia.

Se ha propuesto desarrollar la resiliencia como una forma de brindar afecto y apoyo, porque desarrollar habilidades de conexión es importante para construir conexiones más cercanas con los demás.

**Crecimiento personal**
Crecerás mucho. Vivirás en un entorno al que estás acostumbrado y enfrentarás desafíos que no te son comunes. Te encontrarás una y otra vez.

Sin buscarlo, notarás que, de pronto, has crecido. Te convertirás en una versión mejorada de ti mismo. Cuando sientas que ya no puedes aprender más y que has alcanzado la cima, aparecerán nuevos desafíos. Depende de ti que lo admitas, que le des una patada a esa zona de confort y te encamines al crecimiento.

**Adrenalina**
El que salgas de esa zona te ayudará a que sientas ese "no sé qué" en el estómago, solo va a causar cosas que marcarán para siempre. Una adrenalina alta, es tan alta que es un momento

único.

Recuerdo los días previos a un gran cambio. Era mi sueño de infancia. Dormí muy poco y mi cuerpo no lo sintió. Fui yo quien se vio a sí mismo movido por un poder interior que brindó el combustible necesario para mis últimos días en el país en el que me encontraba. Mi pensamiento ha sufrido un cambio revolucionario, y la mariposa se arraiga en mi estómago poco a poco. Vienen cosas buenas. Puedo sentir.

O cuando fui de viaje por primera vez a Malasia. No tenía mucho tiempo, entendí que era momento de arrancar. Si vuelvo a entonces en ese día, creo que no lo logré. Es que mi campo se movía gracias a una fuerza escondida que me decía que todo iba bien.

El cuerpo se llenaba de nuevo de adrenalina, de enfrentamientos a lo que no se conoce, de aventurarnos a terrenos no explorados, a enfrentar límites.

**Tener más creatividad**
Al salir de la zona, la creatividad es el trabajo, aquellas personas que no son tan ingeniosas tendrán niveles inmensos al salir de su zona. Esto es lo que nos gusta poner límites. Nos gusta etiquetarnos y mantener la conciencia de nosotros mismos. "No soy muy creativo, pregúntale a los demás". A menudo escuchamos "soy bueno con los números, pero no con la creatividad", dijeron los demás por ahí.

Nos limitamos. Innecesariamente, nadie nos obliga a hacer esto. En soledad, nos encerramos en un espacio reducido, donde solo usamos armas que creemos son las mejores.

Al salir de la zona de confort esto se va, las restricciones se van. Se comprende que, si se quiere avanzar, hacen falta muchas herramientas. No sirve de nada usar las que han estado siempre. Tendré que ampliar mi repertorio, crear, imaginar, tener una charla aleatoria, pensamiento creativo. Salir de la caja.

La incomodidad desconocida es el botón que estimula nuestra creatividad. Disfruta tus sentido, vive al máximo. De repente, sin saberlo, utilizaremos todos nuestros sentidos., incluso aquellos que no usamos a menudo en el pasado. ¿Te convencen estas sugerencias para salir de tu zona de confort? Sigue leyendo

Vamos a ver cuidadosamente (esto no es lo mismo que observar) las cosas que nos rodean. Apreciaremos cada detalle, cada rayo de luz que entra en nuestros ojos. Cuando salimos de nuestra zona de confort, cada píxel de la realidad que vemos tiene un significado especial y atraerá nuestra atención. Puede que no sepamos por qué, pero lo averiguaremos en el futuro.

Encontraremos una fragancia que nunca pensamos que existiera. Escucharemos la conversación en idiomas que no sabemos decir pero que queremos escuchar más.

Degustaremos comida exótica que nunca habíamos pensado en probar. Degustando un plato de Bangkok con Couchsurfer, y cuando te des cuenta de lo lejos que llegaste, te alegrarás mucho. Saborearemos lo desconocido y querremos más. Siempre.

**El miedo se ha sobrevalorado**
Cuando se deja la zona de confort, vemos que el miedo tiene presión alta. Este miedo asegura que todos hablen de él, por lo que su fama aumenta. Pero en todo lo que dicen, casi nada es cierto.

Enfrentémonos a nuestros miedos. No solo debemos enfrentarlos, sino también superarlos. Tenemos la obsesión de hacer esto muchas veces, todas las que sean. Aparecen los miedos y los miedos los superamos. Nada puede vencernos. O al menos esto puede restringirnos. Si algo no sucede, si algo no puede suceder, es causado por factores que está fuera de nuestro control. Hagamos todo lo posible y no dejemos que el miedo nos limite. "Vaya para atrás y ni siquiera haga carrera" -decía siempre un amigo.

**Va a ser mejor de lo que te puedes imaginar**
Al salir de nuestra zona de confort, nos daremos cuenta de que el miedo tiene mucha presión. Este miedo asegura que todos hablen de él, por lo que su fama y pedigrí aumentan. Pero en todo lo que dicen, casi nada es cierto.

Enfrentémonos a nuestros miedos. No solo debemos enfrentarlos, sino también superarlos. Nos obsesionaremos tanto con la sensación de superar el miedo que querremos hacerlo una y otra vez. Aparecen los miedos y los miedos los superamos. Nada puede vencernos. O al menos esto puede restringirnos. Si algo no sucede, si algo no puede suceder, es causado por factores fuera de nuestro control. Hagamos todo lo posible y no dejemos que el miedo nos limite. "Vaya para atrás y ni siquiera haga carrera" -decía siempre un amigo.

Ya ves que son grandes las razones para abandonar este espacio.

Salir de tu zona de confort te va a ayudar a entenderte mejor a ti mismo. Exponerte a situaciones fuera de tu control mejorará tu concepto de ti mismo y te permitirá entenderte mejor. Dar este paso con valentía y afrontar tus miedos aumentará enormemente tu confianza en ti mismo, porque sabrás que crecerás y controlarás situaciones que escapan a tu control. Enfrentar el cambio, el aprendizaje y la superación cíclica aumentará tu autoestima y te hará sentir por primera vez que eres el dueño de tu propio destino.

Cada día será nuevo y diferente. Hacer algo por ti y para ti, hará que vivas tu día a día de otra manera. Dedicar tu vida a las cosas que te gustan, convertirte en el administrador de tu tiempo y dinero, planificar tu propio futuro te hará consciente de tu vida, lo que te dará la fuerza y perseverancia para continuar tus decisiones.

Conocerás gente nueva, lo que te llenará más. Porque a veces también conducimos nuestra vida social de forma autónoma, lo que significa que, ya sea por comodidad o por miedo, nos creará un mundo para conocer gente nueva, y seguiremos viviendo con las mismas personas año tras año. Al contrario de lo que parece ser, la experiencia de abrirse a sí mismo y comenzar una conversación con alguien que no conoces te hará más abierto a nuevas cosas y, si lo intentas, te enriquecerá más de lo que crees. Recuerda, todos tendemos a construir nuestro círculo con personas con gustos o similitudes similares, por eso abrirte al mundo y hacer nuevos amigos te enseñará perspectivas diferentes a las que estás acostumbrado y te abrirá la mente. Ver la vida a través de los ojos de nuevas personas te hará madurar en un nivel personal.

# Capítulo 7: Cómo salir de la zona de confort

Aunque esta zona puede verse como un sitio agradable, ya que permite que te pongas en automático, no es algo que de verdad emocione. A la larga, no salir nos hará sentir vacíos, indiferentes o con apatía, tal como lo has visto en este libro. Incluso a veces se manifiesta con temas de comportamiento que muestran como signos depresivos.

Entre tú y yo ... ¿qué te hace anclar allí? Por supuesto, siempre has querido presentarte y conquistar el mundo con valentía, pero no lo hiciste. A lo mejor sufres, pero no te levantas a actuar para salir del lugar. Si te da miedo dejar el pasado por lo que siempre has querido, no seas tan duro contigo mismo, sal de esa zona, vas a ver el mundo de un modo emocionante.

En este capítulo te contaré cómo salir de la zona de confort, con teoría, ejercicios e incluso consejos prácticos para que lo consigas.

Es sencillo decirlo, pero es más difícil ponerse a hacerlo. Pero, aunque salir de esta zona puede tener dificultades y ser complicado, no es tarea imposible. Si requieres ayuda para dejar la zona, puedes seguir estos puntos.

**Te desafía a rendir al máximo**
Si sales de la zona de confort, podrás hacer muchas cosas. No se puede pensar que lograrás lo que te propones si no haces cosas nuevas y sales de la misma vida cotidiana de todo el tiempo.

Lograr nuevas alturas lleva a que tomes el riesgo de las cosas en las que no eres bueno, aunque esto provocará miedos o inseguridades. De acuerdo con estudios hechos por expertos, el tener un poco (con mucho énfasis en "un poco") de ansiedad es bueno para mejorar en el día a día y para seguir con el desarrollo profesional. Por eso existen situaciones ansiosas que no son irritantes, sino que te llevan a mejorar. Es una emoción de la que puedes aprovecharte.

### Piensa en cómo has hecho las cosas hasta ahora y actúa en sentido opuesto

Explora bajo qué circunstancias puedes llegar a salir de la zona de confort. Por ejemplo, puedes probar estilos de baile como tango u otro que nunca harías, o estar en proyectos que hagan que pienses de otro modo, hacer cosas creativas y que sean un desafío. Si quieres gestionar cambios y no son difíciles, entonces podrás hacerlo y salir de la zona.

### Encuentra cambios materiales en las cosas que tienes alrededor

Si haces cosas nuevas que no tienes por costumbre de hacer, es como que te expones a un entorno nuevo. Literalmente, a nivel corporal es nueva la experiencia. El plan es que te expongas a situaciones nuevas, que encuentres espacios nuevos.

Continúa cambiando la forma en que te vistes o decoras tu casa, muévete en diferentes entornos y, por supuesto, viaja tanto como sea posible, o incluso vive en otro lugar por un período de tiempo.

### Anticipa esas excusas que te pondrás a ti mismo

Ten en cuenta que cuando estableces metas en tu zona de confort que te hacen sentir incómodo, sin saberlo, encontrarás muchas excusas para no hacerlo. Juzga cuáles son estas excusas, que terminan siendo invenciones cuyo único propósito es racionalizar el consuelo de la aceptación.

### Te debes exponer a conocer a nuevas personas

¿No te gusta hablar con la gente? Oblígate a hacerlo, incluso si tu cuerpo no te lo pide. La conversación no necesariamente tiene que ser perfecta, y tampoco es necesariamente la mejor impresión que la gente tendrá de ti. Pese a ello, naturalmente, todo saldrá bien. Si no piensas demasiado en lo que estás diciendo y permites que la conversación fluya, será interesante ver lo fácil que es interactuar con los demás.

### Trabaja para que tus amigos y familia cooperen
Si tienes personas tu alrededor que conocen tu intención de abandonar la zona, te van a ayudar a que lo logres y te pueden sorprender. Del mismo modo, cuando tienes iniciativa de emprender con emoción, tendrás el apoyo, lo que significa que muestras signos de apoyo o admiración y, en consecuencia, esto te fortalecerá.

### Le debes dar una oportunidad a la faceta espiritual
¿Conoces las ventajas que tiene meditar o hacer atención plena? Existen hábitos que te ayudan a mejorar mentalmente y a liberar muchas ataduras que te tienen en la zona de confort. Podrás ponerte en marcha en un modo más práctico y lograrás salud emocional que te ayuda día a día. Comienza leyendo frases budistas para que te inspires más.

Antes de que decidas algo que implique salir de la zona, tienes que hacer análisis profundos para avanzar. Por eso te invito a que respondas estas preguntas:

- ¿Te sientes satisfecho con tu condición actual?
- ¿Cómo te posicionas en el trabajo? ¿Cómo lo haces con tu familia?
- ¿A qué sueños renunciaste a lo largo de tu vida? ¿Por qué lo hiciste?
- ¿Qué pasatiempos tienes?
- ¿Qué habilidades has desarrollado hasta ahora?
- ¿Qué obstáculos tienes en el proceso?

La lista puede ser muy larga y va de acuerdo al perfil de cada persona, el que respondas a esto con honestidad es el primer paso para avanzar. Además cuando hacer el análisis, las respuestas que halles van a ser diferentes a las que encuentres.

Esto es porque se han desarrollado diversas habilidades basadas en los esfuerzos de la vida. Por eso, tienes que estar preparado para el cambio.

### Ten flexibilidad

Las personas con flexibilidad se caracterizan por comprenderse a sí mismas y estar dispuestas a afrontar situaciones que no se esperan. En términos generales, no podemos controlar a las personas que nos rodean porque son libres de actuar y pensar de la forma que quieran.

Entonces, no seas tan cerrado. Debes buscar adaptarte a escenarios nuevos, y lo que es más clave, aprender de situaciones que imponen.

### Diversifica lo que estudias

Desde el momento en el que empiezas, te acostumbras a aprender solo lo que te gusta, hay personas que prefieren las ciencias naturales y otras eligen humanidades. Aunque es muy común, aprender solo lo que te gusta es algo que limita tu creatividad.

El que emprende con éxito tiene que tener la disposición a aprender cosas nuevas. Si ya eres un experto en matemáticas, entonces aprende un idioma nuevo. Las personas que aman la poesía pueden aprender a tocar instrumentos, y así.

Pon dinero en tu conocimiento para que le den valor a tu carrera, no olvides hacer tareas que te interesen mucho. Estos son caminos que te llevarán a ser una persona más completa.

### Intenta superar los miedos y temores

Es natural sentir miedo porque, en ocasiones, esto puede protegernos del peligro. Aunque, tener mucho miedo no ayuda a que avances en el desarrollo, y afecta el que haga actividades nuevas en las relaciones del día a día.

Superar el miedo es más fácil de lo que mucha gente piensa. Tienes que afrontar la causa de este sentimiento. Una de las situaciones que afectan el desempeño de muchos que emprenden es que le temen a hablar en público, pero esto es algo que tienen que enfrentar si quieren tener éxito en lo que sea. De este modo, tienes que hacer lo que sea para agregarlo al currículo.

Por ejemplo, puedes contar con un canal en YouTube, en donde aproveches las bondades de internet para que hables con el mundo entero con los temas que desees. Esta plataforma te acerca a todos, pero en los videos puedes poner temas que sepas, que te gusten y que aporten.

**Haz actividades que desarrollen tu creatividad**
Muchas personas piensan que los expertos en publicidad, los músicos y artistas son los que tienen creatividad para hacer sus obras, pero no es así, tú también puedes ponerte creativo y hacer un buen plan de tareas para un fin de semana. Esto te ayuda a salir de la zona de confort, es un modo que te ayuda a entrenarte siempre. Haces más tareas, juegas y te arriesgas.

Además, cuestiónate sobre tus actividades diarias. ¿Existe una forma más creativa de trabajar el rendimiento? La única forma que conoces es preguntarte a ti mismo, por supuesto.

**Ten una buena red de contactos**
El que conozcas personas nuevas es perfecto para dejar la zona. Las conversaciones simples durante la hora del café pueden construir amistades e incluso formar alianzas para comenzar su propio negocio. Por eso, no temas participar en eventos, tener contactos nuevos y conocer otras realidades.

Durante mucho tiempo puedes ponerte a analizar sobre profesionales que han pasado experiencias diversas. Estos datos te ayudan a mantenerte listo para ayudar a los que quieren salir de la zona. Es un gran modo de aprender cosas nuevas.

## Experimenta cosas nuevas a diario

El que salgas de la zona es algo que te pide esforzarte diariamente para enfrentar las barreras. En realidad, siempre te desafiarás a ti mismo para encontrar nuevas emociones en la vida. Por lo tanto, preste atención a las nuevas experiencias, como:

- Escuchar música distinta.
- Hacer un camino distinto al acostumbrado cuando vas al trabajo.
- Planear un viaje a un destino inusitado.
- Visitar un museo distinto.
- Comer en un restaurante novedoso.

Cuando haces estos ajustes te ayudarás a tener cambios y a innovarte siempre a tener alas.

## Hacer actividades independientes

Las tareas de salir con amigos y compartir buenos momentos muestran que la vida no solo está compuesta de reuniones o del correo lleno de mensajes. Recuerda, es bueno dedicarte a tu trabajo, pero sin estar demasiado apegado a este y sin dejar de lado los otros aspectos de tu vida.

¿Eres de los que ya no viajan ni ven películas porque no tienen a nadie que los acompañe? Muchas personas viven estas situaciones porque se sienten avergonzadas o acostumbradas a tener siempre a alguien. También puedes intentar hacer algunas actividades solo, sin depender de la presencia de alguien más. Verás que este tiempo es perfecto para conocerte mejor.

## Comparte lo que piensas y acepta críticas constructivas

Si no tienes la costumbre de expresar tus opiniones y sentimientos, entonces es momento de revisar conceptos. Aunque estas son actividades sencillas, son clave para que dejes la zona de confort porque requieren valentía, especialmente en determinadas situaciones, como cuando confrontas al jefe, por mencionar un ejemplo.

Debes tener preparación para escuchar lo que dicen otros sobre ti, analizar lo que te han dicho y pensar en cómo mejorar. En las conversaciones de bar con amigos y colegas puedes resolver el problema, en vez de quedarte pensando toda la noche cómo mejorar, privándote de tu sueño.

**Crea metas**
Los objetivos son usados para que amplíes y orientes el desarrollo de una empresa porque motivas al equipo e indicas el camino que viene. Esto también lo puedes aplicar a nivel personal para que dejes la zona de confort.

Enumera las cosas que quieres hacer y ponles fecha para cumplir cada una de ellas. Ten cuidado de no definir cosas que no se pueden lograr. Esta actitud dificultará tu desarrollo personal y profesional.

Puedes leer un libro nuevo cada cierto tiempo, participar en eventos sociales una vez cada semana, practicar diversos ejercicios físicos a diario. Esto te ayudará, puedes hacer cosas que te gusten y te saquen de la zona de confort.

**Te invito a alejarte de las redes sociales**
De acuerdo con un estudio de Smart Travel que publicaron en 2017, el mundo entero está casi dos horas al día en las redes sociales. Los adolescentes son los que están más inmersos en ellas, ya que pueden echarse nueve horas pegados al móvil. Es un número que se supera para quienes hacen ocio.

Vaya tiempo perdido, mejor abandona tus rede sociales durante algunas horas, o incluso días. Por ejemplo, usa este espacio para que hables con otras personas, ayudar a otros, hacer deporte o cocinar.

La tecnología es clave para que te desarrolles, pero tienes que ser sabio para que mejores. Si haces más corto este programa para actualizar la información personal, verás que tendrás más tiempo para tus cosas y para emprender proyectos nuevos.

**No dejes para mañana lo que puedes hacer hoy**
De hecho, hay varias cuestiones a tener en cuenta al salir de su zona de confort. Este es el momento en el que te dedicas todos los días a lograr las metas que deseas. Por lo tanto, sigue las 11 sugerencias de este artículo y encuentra la mejor manera.

Si deseas obtener más información sobre este tema, ve cómo cambiar de trabajo después de los 30 puede ayudarte a encontrar una nueva vida en tu vida.

**Ejercicios**

¿Cómo salir fácilmente de la zona de confort? Debido a que no siempre es fácil salir de nuestra zona de seguridad y control, aquí tienes una serie de consejos y ejercicios que nos ayudarán a sacar lo mejor de nosotros mismos y a salir de nuestra zona de confort:

*Conoce tus límites*
Si quieres conocer cómo salir de esta zona, es clave que lo hagas sin que sea una obsesión o estrés. Todos somos diferentes y, por ello, cada uno tiene un ritmo diferente, por lo que algunas personas pueden salir de esta área a través de grandes cambios repentinos; mientras que otras personas necesitan pequeños pasos o cambios puntuales. Por lo tanto, el autorreconocimiento y el análisis de nuestros rasgos de personalidad y miedos son necesarios, pues encontrar un equilibrio entre la ansiedad y las emociones positivas que genera el desvío de la donde nos sentimos cómodos es fundamental.

Aprende a reconocer los límites que tienes, para ello tienes que conocerte, por eso te recomiendo en esta parte que te hagas de un cuaderno y un lápiz y anotes algunas cosas que te iré diciendo de aquí en adelante. Comienza entonces escribiendo lo que conoces de ti, tus límites y cómo te vas a atrever a conseguirlo.

### Que no caigas en la catástrofe

Al planificar y planear salir de la zona de confort, es útil comprender que estar fuera de la zona de confort no significa que nunca volverás a estar en ella. Es posible que uno regrese a su zona de confort en cualquier momento, porque alcanzar nuevas metas y aprender nuevas cosas no necesariamente implica que siempre continuaremos buscando nuevas experiencias, a veces no queremos perder el control o la comodidad de la situación y nos quedamos ahí. La responsabilidad y el poder de decisión siguen estando en manos del individuo.

### Encuentra sitios nuevos

Un ejercicio para salir de su zona de confort es hacer una lista de los lugares en los que nunca ha estado, buscar los eventos culturales o artísticos que tienen lugar en estos lugares, y tratar de ir a uno de ellos cada semana. De esta manera, explora el entorno reciente pero desconocido.

Seguro en tu ciudad hay muchos sitios que no conoces, picos en montaña, sitios turísticos y lugares donde puedes ir hasta de manera gratuita, atrévete a ir cada tanto tiempo.

### Salirte de tu propio estilo

La novedad se puede descubrir de una manera sencilla, simplemente prueba nueva comida, música, géneros de libros, películas, etc. Es muy útil prestar atención y pensar en las cosas nuevas que nos traen estos estímulos desconocidos.

### Encuentra compañía

Hacer algunas actividades o cambios que generarán miedo y evasión con otra persona puede ser la clave para atreverse a dar este paso porque puede reducir la ansiedad y la incertidumbre. Puede ser un factor que promueva la acción.

Esto lo puedes hacer con un familiar, tu pareja o un amigo que sirva para que te impulse a enfrentar esos miedos para que salgas de la zona de confort.

### Analizando tus propias experiencias

Otro ejercicio para salir de la zona de confort es realizar una revisión consciente y psicológica de las cosas que has aprendido a lo largo de la vida, y recordar los sentimientos y emociones antes y después, los beneficios y conocimientos adquiridos que pueden ayudar a tomar la decisión de salir de la zona de confort.

### Conociendo personas

En muchos casos, ponerse en contacto con nuevos amigos es un desafío en sí mismo, por lo que es un buen ejercicio para salir de su zona de confort. Además, la diversidad de personas aporta diferentes perspectivas, conocimientos, ideas y planes, que es posible que no se te ocurran antes de entrar en contacto con esa persona.

### Dedica tiempo para que sepas qué es lo que quieres

Esto significa reflexionar sobre lo que realmente queremos hacer, analizar los obstáculos que encontramos y resolver cómo superarlos. Una vez que se definen uno o más deseos, se recomienda dividir este objetivo en diferentes pasos, ya que promueve la aclaración, la simplificación y la viabilidad.

### Ten una jerarquía de miedos

Otro ejercicio para salir de este campo es que elabores una lista de acciones o actividades que nos llenen del miedo o ansiedad, y ordenarlas de menor a mayor dolor. Una vez finalizado, comienza con las actividades menos aterradoras.

## Cambiando la rutina

Es conveniente dedicar un tiempo a analizar las rutinas que realizamos en estos días, pensar y redactar una lista de posibles alternativas o cambios que se pueden introducir para cambiar la vida diaria y deshacerse de la zona de confort.

## Encontrar información

A veces, las personas pueden exagerar y magnificar cosas que no conocemos. Por lo tanto, un mayor conocimiento y comprensión de esas actividades que nos resultan aterradoras puede reducir la incertidumbre, que es uno de los factores que dificultan salir de la zona de confort.

## Que te prepares

Otro ejercicio para salir de tu zona de confort es preguntarse dónde pueden salir mal las cosas o dónde se puede tener un impacto negativo al hacer cosas terribles e inseguras. Una vez determinado, piensa y planifica cómo resolver estas posibilidades. Esta expectativa ayuda a mejorar la sensación de control sobre el evento.

## Identifica las áreas vitales para mejorar

Esto significa analizar aquellas partes de la vida o actitudes y comportamientos que queremos cambiar de manera positiva. Una vez que se haya completado el reconocimiento, haz una lluvia de ideas sobre diferentes opciones, también puede pedir a más personas nuevas ideas. Elige los métodos que te parezcan más razonables y ponlos en práctica.

## Elimina los apegos

Esta zona también tiene su parte material, incluye los objetos de los que una persona no quiere desprenderse, aunque no los necesite, porque los hace sentir cómodos y seguros hasta cierto punto. Salir de tu zona de confort y comenzar a reducirlos un poco es un buen ejercicio.

**En casos extremos podrías buscar ayuda profesional**
Es común quedarse paralizado y bloqueado al salir de la zona de confort. Por esta razón, puede ser útil recurrir a profesionales que trabajen en el autoconocimiento, la confianza y la motivación, y que ayuden a diseñar y monitorear planes de acción juntos. Además, pedir ayuda es, en sí mismo, un gran paso hacia la zona de aprendizaje.

**Tips para que salgas de la zona de confort en tu vida diaria**
Estos consejos que verás a continuación te van a servir para que comiences a salir de la zona de confort y a dejar el miedo a cambiar. A estas alturas ambos sabemos que quieres salir, que necesitas un cambio ahora mismo.

Comencemos:

- Puedes buscar nuevos modos para que ganes dinero, un ejemplo es si tienes una habitación en casa, podrías arrendarla por medio de anfitrión de Airbnb. De este modo vas a generar nuevas fuentes de ingreso y tendrás algo nuevo. Algo tan simple como esto te genera un cambio en tu vida.
- Puedes darte un baño con agua fría, cuando te atreves a hacerlo el cuerpo se expone al estrés y te adaptas. Una de las principales ventajas de las duchas frías es que pueden acelerar la circulación sanguínea porque están diseñadas para mantener una temperatura corporal ideal. Por las propiedades que tiene el agua fría, los músculos se relajan y reparan luego de hacer deporte. Según los expertos, exponerte al agua fría activa tu sistema nervioso, ya que libera un componente que responde a situaciones de peligro: norepinefrina. Otra forma en que el agua fría afecta la sangre es estimulando la producción de glóbulos blancos, lo que ayuda a combatir infecciones y mejorar la resistencia a enfermedades comunes.
- Habla con 5 personas diferentes en un día.

- Te puedes levantar temprano, hacerlo antes que suene la alarma, salir a caminar o tomar la bicicleta.
- Dona, desecha o regala algo que ya no utilices. Puedes practicar esto o llevar un estilo de vida minimalista.
- Cuando vayas a trabajar, toma otra ruta distinta para llegar al trabajo, así el cerebro estará expuesto a nuevos estímulos.
- Cocina algo que no hayas probado nunca antes.
- Apaga el teléfono móvil y el ordenador por un par de días. Limita el consumo de tecnología, contenidos y redes sociales.
- Debes decir que sí a alguna invitación que te hagan, invita a ese amigo a salir, ese que no ves hace tiempo. Es perfecto para que hagas planes y salgas de la zona.
- Aprende cosas nuevas, cosas que no te gusten o creas que son inútiles, como matemáticas u otro idioma. Sal de la rutina, entra en otros campos.
- Ve a la calle con ropa diferente, algo que resalte, no sigas los estándares de la sociedad.
- Llama a alguna persona con la que no conversas hace tiempo, lo sorprendes y se actualizan.
- Da con un puesto nuevo de trabajo, cambia de silla, ve otros modelos de negocio, atrévete con esa idea que tienes hace tiempo.
- Cuando vuelvas a comprar algo, entrega un cupón de descuento o promoción. Te ahorra dinero y aprendes a negociar.
- Ve en bici al trabajo, ayudas con el medioambiente, haces ejercicio y llegas enérgico a trabajar.
- Enumere las 5 áreas sin importancia en tu vida en la que gastas más. Si realmente deseas lograr tu libertad financiera, debes ser dueño de tus finanzas.
- Sal de casa 5 minutos antes de lo que lo haces siempre, te puedes asegurar de hacer lo que desees, siempre que andes un poco y comprendas el espacio donde trabajas.
- Otra cosa que puedes hacer es colocar una cámara y

grabarte mientras trabajas, te ves y analizas como si fuera otra persona, puedes juzgar cómo pasan los días y sugerir cambios.

- Ve a un restaurante nuevo o un sitio que no hayas ido nunca. En vez de ir a la ciudad natal, pon una regla de que cada ocho días conocerás un sitio nuevo.
- Si tienes trabajo en casa o te quedas en casa todo el día, prepara el almuerzo y pasa la tarde en el parque, sal de ese espacio donde pasas la mayor parte del tiempo.
- Ayuda a las personas en la calle de cualquier forma y dona cosas que no usas a un sitio de beneficencia.
- Respira profundamente intentando superar los miedos, como serpientes, volar o las arañas.
- Si trabajas por internet, cambia el sitio en el que lo haces, ve a un café, a espacios de coworking, a un centro comercial, donde sea.
- Sal de casa de tus padres y vive un mes fuera para que aprendas a enfrentar miedos como la soledad. Sal de la zona.
- Deja los malos hábitos (cigarrillos, cerveza, juegos de azar) durante una semana. Puedes comprender que esto no afecta tu vida.
- Si es soltero, habla con alguien y dile por qué te gusta. Se trata de ponerte en una situación que te incomoda y encontrarla más complicada en tu mente que en la realidad.
- Te puedes mudar a una ciudad nueva, irte a otro país y aprender un nuevo idioma, encuentra intercambios, cursos o voluntariados internacionales que te ayuden a conocer otras culturas.
- Cuando vuelvas a participar en algún evento, el director solicita voluntarios. Debes dar el paso y participar, sirve para vencer el miedo.
- Disipa el miedo a hablar en público a través de discursos o reuniones siempre que tengas la oportunidad.

- Si pides bebidas en un bar, puedes pedir un batido o un té, deja el vino una semana y ve cómo te sientes.
- Si te vas de vacaciones, quédate en un hostal de mochileros y comparte habitación. Esta incomodidad es una de las claves para salir de la zona de confort.
- Visita lugares públicos, conoce personas que compartan tus gustos, conversa con ellos e intercambia nuevas ideas.
- Si estás aprendiendo un nuevo idioma, háblalo durante una semana. Practica con gente que conozca este idioma.
- Puedes ir a correr. De acuerdo con la neurociencia es clave para ser más inteligente y mejorar la memoria.
- Incluso si parece difícil, puedes dormir desnudo.
- No mandes mensajes de texto por ocho días, podría ser difícil, no uses el móvil al conducir, así sales de la zona de confort y eres responsable con el tránsito.
- Encuentra un trabajo de medio tiempo que sea nuevo para ti y solicítalo. Podrás ganar dinero extra, que se convertirá en tu nueva fuente de ingresos.
- Trata de leer un libro en el bus o en el metro. Deja de ver el móvil o escuchar solo música.

Aunque todo esto para salir de la zona puede ser un poco difícil, cuando lo hagas hallarás que los obstáculos son mentales y no reales. Esas creencias restrictivas no son más que un miedo.

## Cómo salir de la zona de confort en el trabajo

Si vemos la psicología, se menciona que la zona de confort es una actitud. Hay personas que creen que esto tiene que ver con un espacio físico, pero, a decir verdad, es mucho más que eso. Es un estancamiento que se da poco a poco en el tiempo.

Suele ocurrir en el ámbito laboral, cuando una persona lleva mucho tiempo en el mismo puesto y está más dispuesta a mantener su condición, a pesar de la oportunidad de mejorar sus condiciones. ¿Cómo afrontar esta situación? Echemos un vistazo a algunos consejos, ya que son muchas las ventajas de salir de la zona de confort.

Primero, destacaremos algunos de los beneficios de ir más allá de la zona de confort en el trabajo. De hecho, la comodidad de dejar el trabajo puede mejorar significativamente el crecimiento personal.

*Te mejora la capacidad de hacer insight*
Esto tiene que ver con un autoexamen para reconocer los aspectos que nos limitan como personas. De este modo, los podemos aceptar y dar los mejores recursos para triunfar.

Encontrar y aceptar nuevos desafíos laborales puede desarrollar habilidades de autoevaluación. En este sentido, cuando una persona está dispuesta a aprender cosas nuevas para crecer en esta área de su vida, puede mejorar su capacidad de criticarse a sí misma.

*Te mejora los niveles de motivación*
Cuando estemos dispuestos a experimentar nuevos escenarios laborales, nuestra mente mantendrá la motivación del conocimiento. La motivación no siempre se logra de la noche a la mañana, pero podemos motivarnos más fácilmente saliendo de nuestra zona de confort en el trabajo.

En los momentos donde aceptamos los desafíos, puede que no estemos seguros de emprender eso, pero a medida que avanzamos sentimos más comodidad con el proceso.

*Aumenta la productividad*
Ser proactivo está intrínsecamente ligado a la capacidad de renovarse. En un entorno laboral, las personas pueden quedar atrapadas en una determinada posición, lo que hace que su energía para las actividades laborales disminuya gradualmente. Como resultado, aparece la procrastinación. En cambio, si las personas aceptan nuevos desafíos, su entusiasmo aumentará.

*Te ayuda con el desarrollo personal*
Tener la disposición para aceptar cosas nuevas en el trabajo ayudará a que te superes. Las condiciones de vida son mejoran para los que aceptan nuevos desafíos y se mueven constantemente; mientras que, quienes se quedan atascados tienden a experimentar un estado de frustración en algún momento.

Hay que tener en cuenta que la calidad de vida vale más que el dinero. Si se quiere ser feliz, hay que atender el amor propio. Por eso, hay que aceptar desafíos que nos ayudan a sentirnos mejor mientras progresamos.

**Permite que rompas las rutinas**
Hay límites para permanecer en las mismas actividades "cómodas". Las personas a menudo no se dan cuenta de esta situación, porque están inmersas en rutinas repetitivas que producen un falso sentido de acción.

Cuando vamos saliendo de esta zona tan cuadriculada, nos vamos dando cuenta de que hay muchos espacios para mejorar en el día a día. Como cursos para profundizar un tema de la carrera, aprender un arte o aprender otros idiomas, por ejemplo.

Ya has visto las ventajas de enfrentar las barreras mentales que afectan el desempeño. Estos consejos que te acabo de dar te ayudan a dejar la zona de confort y a enfrentar esas barreras mentales. Adicionalmente, acá te dejo otros consejos para que dejes de lado ese confort laboral.

*Debes capacitarte todo el tiempo*
Hoy, en comparación con los primeros días, los avances en tecnología y métodos se están desarrollando más rápidamente. Por tanto, es importante mantener una formación continua. Esto no quiere decir que siempre debamos estudiar, pero es una buena idea actualizar académicamente de vez en cuando.

*Intercambia opiniones con tus compañeros*
Claro, luego de un periodo estado en el mismo puesto, la comunicación no va a estar solo en lo laboral. De hecho, es habitual que las personas hablen más de su vida personal durante la jornada laboral que de aspectos laborales.

Una buena idea para salir de su zona de confort es comprender las perspectivas de otros empleados. Es decir, es necesario centrar la conversación en la situación laboral del grupo, incluyendo sugerencias de mejora.

**Utilizar plataformas digitales para que difundas conocimiento**
La plataforma online es clave para que salgas de tu zona. Otra opción es escribir artículos sobre nuestra profesión en un blog personal para brindar conocimientos a otras personas de la misma profesión. Incluso, puedes brindar servicios a otros profesionales de la zona.

*Expande las relaciones de trabajo fuera de tu trabajo*
Puedes relacionarte con tus compañeros de trabajo fuera del espacio laboral, de modo que interactúes de un modo diferente con ellos y puedas dejar de lado los temas que tienen relación con el trabajo. Además, fuera de ese espacio no hallas competitividad natural que se suele ver en el día a día en la oficina, lo cual hace que puedas conversar sin ningún tipo de presión.

**¿Es mala la zona de confort?**
Pues en lo visto hasta ahora, sí, es mala en la mayoría de los casos. Pero tienes que saberlo ver.

Buscar consuelo no debe entenderse como algo negativo. De hecho, la salud mental depende, en parte, del nivel de comodidad en la vida. Para evitar confusiones, hay que saber reconocer que las personas cómodas no necesariamente son lo mismo que las personas conformistas y obedientes.

Entendemos la comodidad como una sensación placentera para nuestro entorno, pero no significa que ninguna zona nuestra esté estancada. A diferencia de esto, ceñirse a las convenciones con las que no estamos de acuerdo por el simple hecho de querer ser obedientes, significa sentirse incómodo en un aspecto personal. Entonces, ajustarse a las reglas no necesariamente es positivo, porque la ansiedad seguirá.

# Capítulo 8: Consecuencias de no salir de la zona de confort

Ya debes inferir las consecuencias de no salir de tu zona de confort, el impacto que tiene en tu vida y en lo que seguirás siendo si te sigues manteniendo en ese espacio.

Claro, al tratar de comenzar algo nuevo, todos hemos escuchado eso de que tengamos cuidado, que es peligroso, que podrían salir mal las cosas… expresiones que pueden ser por miedo o inseguridad y nos llevan a una zona reconocida y segura: la zona de confort.

Es una zona agradable, pero no hacer cambios puede generar que se tengan muchas consecuencias negativas. Es difícil dejar lo conocido, lo seguro, lo familiar, pero si no lo hacemos, esto nos llevará a tener limitaciones, a enfrentarnos a ciertos problemas, a experiencias diversas que nos estancan al final.

Otra consecuencia de permanecer quietos es que nuestras habilidades disminuyen. Cuando nos enfrentamos a muchas situaciones y no resolvemos temas, no podremos enfrentar la capacidad para concretar problemas y decidir. Sentimos tristeza y pocas ganas, pensamos que no se puede hacer nada o no que sabremos cómo hacer algo, lo que al final va a afectar el amor propio.

Cuando salimos de esta zona aprendemos otras cosas, conocemos gente y vivimos.

El no salir de la zona se puede terminar convirtiendo en una limitación personal, en perder la oportunidad de enfrentar desafíos nuevos, experimentar nuevas experiencias e incluso de conocer nuevos amigos. El hecho de nunca dejar un entorno familiar, debilitará gradualmente nuestra capacidad y nuestras expectativas serán cada vez más bajas. Si no fuera por esta actitud, también podríamos ver que nuestra capacidad de ser felices se redujo significativamente, y las cosas no serían tan graves.

En su libro "El camino a la felicidad", J. Bucay mencionó la importancia de nuestras metas y expectativas de felicidad. Evidentemente, a quienes se plantean expectativas muy amplias y distantes les cuesta ser felices, y experimentarán muchos contratiempos en su vida. Aunque, una persona que se pone metas cercanas y fáciles, es infeliz.

Otro tipo de persona es la que se niega a salir de la zona. Estas personas suelen tener miedo a los contratiempos. Para evitar la presión que hay detrás del desafío, deciden fijarse metas que no requieren mucho esfuerzo o ejercitar muy poco en la vida. Estas metas son fáciles de lograr y se pueden lograr muy temprano, por lo que se detuvieron rápidamente. Era una ilusión, y la poca felicidad que tuvieron se desvaneció gradualmente para ellos.

Entre las consecuencias de seguir en la zona de confort observamos:

- Vivir una serie de malas emociones, entre la que tenemos como protagonista a la tristeza, pues las personas que se quedan en la zona de confort no van a correr riesgos, no obtienen nada, perdiendo así su potencial tasa de refuerzo positivo que nos inspira cada día.
- Reducir la autoestima al no afrontar nuevos retos.
- Sensación de limitación personal (en cierta medida no es solo una sensación, sino una realidad), la persona piensa que no tiene crecimiento personal. En muchos casos, es descrita como una sensación de estancamiento.
- Problemas sociales o de relación. Debido a que no hay un desafío o interés común con los demás, pueden surgir conflictos. En algunos casos, este hecho puede conducir al aislamiento.

# Conclusiones

Ten presente que la mente nos limita a alcanzar lo que nos propongamos o detona como una gran fuerza para que logres lo que te propongas. Hace poco, Elon Musk habló de las pruebas que hacía para implementar un chip en los seres humanos, especialmente para personas con problemas en la cervical. Al parecer, esto les ayudaría a caminar o mejorar su salud.

Este hombre comenzó desde abajo, pasó limitaciones, pero, pese a todo, marcó una diferencia importante en su vida con cada emprendimiento. En cada cosa que ha hecho, ha dejado una huella palpable que demuestra que siempre sale de su zona de confort.

¿O qué si se hubiera rendido con Tesla y sus retos? Pues no. Seguro ha tenido miedo, se ha tomado el cabello frustrado, pero ha hecho su gran esfuerzo para lograr lo que se proponía.

¿Te sientes estancado? Es como si tu situación actual no representara ningún desafío o preocupación para ti. De alguna manera, te sientes confiado, seguro y a gusto, pero la verdad es que no eres productivo en absoluto, porque no hay oportunidad de cambio o crecimiento. Es como si estuviéramos desperdiciando nuestras vidas.

Cuando intentamos salir de esa zona, debido a la incertidumbre de lo que nos esperaba, comenzamos a sentir miedo. Somos humanos y es normal tener miedo de lo que no sabemos. Sin embargo, debemos buscar oportunidades. Si bien el malestar con la nueva situación es molesto, cuando comenzamos a experimentar cosas diferentes, nos damos cuenta de que el momento es ahora y debemos aprovecharlo.

Aunque algunas situaciones son realmente terribles, si no trabajamos duro para afrontarlas, no sabremos qué podemos hacer. De esta forma nos sentiremos frustrados y desmotivados. Al ser capaces de superar obstáculos, comenzaremos a sentirnos capaces de lograr lo que queremos.

Cuando tenemos miedo, nos sentimos incapaces de seguir adelante. Las restricciones no las debemos imponer nosotros mismos, al contrario, debemos buscar la forma de llegar al destino. Una buena opción es escuchar las historias de personas que han superado con éxito una determinada situación.

En momentos de ansiedad, comenzamos a sentir mucha presión. Es por eso que cuando algunas personas están tratando de resolver algo y están bajo presión, les resulta más fácil lidiar con los conflictos que resolverlos en circunstancias normales. Ciertas situaciones nos hacen sentir incómodos y estresantes (especialmente cuando salimos de nuestra zona de confort) y no deben ser vistas como un problema, sino como un desafío, donde podemos encontrarnos y sentirnos bien enfrentando lo que temos.

Haz cosas que normalmente no haces. Tal vez puedas comenzar cambiando pequeños programas o hábitos que no son beneficiosos para ti. Es posible que te sorprendas y descubras que no sabes lo que te gusta.

Una vez logremos salir de la zona de confort, es importante que nos aseguremos de no caer en ella nuevamente. Cuando aparezcan nuevos desafíos ante nosotros y los aceptemos con valentía, un día ya no serán desafíos, sino parte de nuestra vida diaria. Si este es el resultado, debemos tener cuidado de no acostumbrarnos y poder continuar con el próximo desafío.

Hemos pensado más de una vez en abandonar la guerra en la primera batalla. Esto es algo que debemos evitar. Si nos encontramos con una situación difícil que no sabemos cómo manejar, analicémosla y determinemos la mejor manera de solucionarla. Puede que funcione, o no, en el primer intento. Solo tenemos que mantenernos firmes y prepararnos para seguir adelante.

Una vez que salgamos de nuestra zona de confort, seremos más capaces de afrontar retos y resolver problemas, no porque tengamos respuestas para todo, sino porque sabemos afrontarlos. Se trata de nuestra actitud y determinación para seguir siempre adelante.

www.ingramcontent.com/pod-product-compliance
Lightning Source LLC
Chambersburg PA
CBHW070320220526
45465CB00013B/1617